Q 하이! 코리안

Hi! KOREAN
Workbook

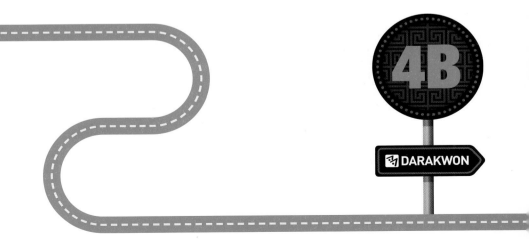

4B

DARAKWON

일러두기

〈Hi! Korean Workbook 4〉는 〈Hi! Korean Student's Book 4〉와 함께 수업 시간에 활용할 수 있는 교재로, '1단원 ~12단원'이 '문법 연습', '어휘와 표현', '듣기 1, 2', '읽기 1, 2', '실전 쓰기'로 이루어져 있다. Student's Book에서 학습한 내용을 '대화 완성하기', '짧은 글짓기', '선택형 문항', '작문' 등 다양한 형태로 연습할 수 있도록 하였다.

문법 연습

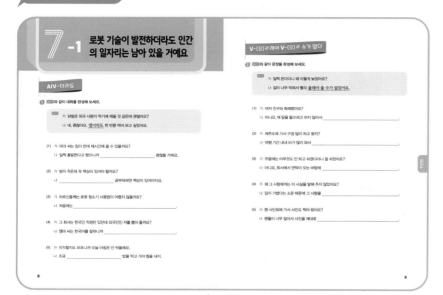

목표 문법을 사용해 대화를 완성하는 연습을 하고 〈보기〉를 참고해 글을 완성하는 연습을 한다.

어휘와 표현

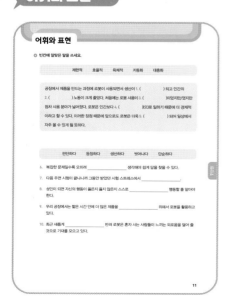

학습한 어휘와 표현을 맥락 속에서 사용하는 연습을 한다.

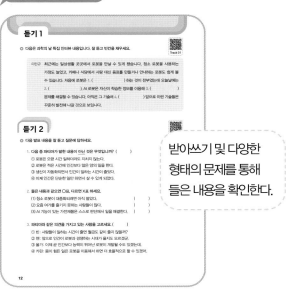

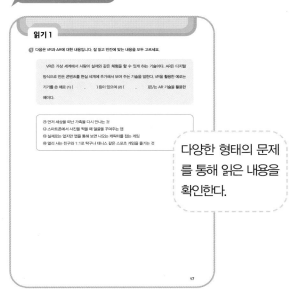

받아쓰기 및 다양한
형태의 문제를 통해
들은 내용을 확인한다.

다양한 형태의 문제
를 통해 읽은 내용을
확인한다.

실전 쓰기

단원에서 학습한 주제로
300자 이내의 글을 완성
하는 연습을 한다.

부록   정답: 소단원 1, 2의 '문법 연습', '어휘와 표현', '듣기 1, 2', '읽기 1, 2'에 대한 모범 답안을 제공한다.

목차

CHAPTER

07

미래

A/V-더라도

1 보기와 같이 대화를 완성해 보세요.

> 보기
>
> 가 닭발은 외국 사람이 먹기에 매울 것 같은데 괜찮아요?
>
> 나 네, 괜찮아요. <u>맵더라도</u> 한 번쯤 먹어 보고 싶었어요.

(1) 가 마크 씨는 집이 먼데 제시간에 올 수 있을까요?

　　나 일찍 출발한다고 했으니까 _____ 괜찮을 거예요.

(2) 가 방이 작은데 꼭 책상이 있어야 할까요?

　　나 _____ 공부하려면 책상이 있어야지요.

(3) 가 어르신들께는 로봇 청소기 사용법이 어렵지 않을까요?

　　나 처음에는 _____.

(4) 가 그 회사는 한국인 직원만 있던데 외국인인 저를 뽑아 줄까요?

　　나 엠마 씨는 한국어를 잘하니까 _____.

(5) 가 지각할지도 모르니까 오늘 아침은 안 먹을래요.

　　나 조금 _____ 밥을 먹고 가야 힘을 내지.

V-(으)ㄹ래야 V-(으)ㄹ 수가 없다

2 와 같이 문장을 완성해 보세요.

> 보기
>
> 가 일찍 온다더니 왜 이렇게 늦었어요?
>
> 나 길이 너무 막혀서 빨리 <u>올래야 올 수가 없었어요</u>.

(1) 가 여자 친구와 화해했어요?

　　나 아니요, 제 말을 들으려고 하지 않아서 _____.

(2) 가 제주도에 가서 구경 많이 하고 왔지?

　　나 여행 기간 내내 비가 많이 와서 _____.

(3) 가 주말에는 아무것도 안 하고 쉬겠다더니 잘 쉬었어요?

　　나 아니요, 회사에서 연락이 오는 바람에 _____.

(4) 가 왜 그 사람에게는 이 사실을 말해 주지 않았어요?

　　나 입이 가볍다는 소문 때문에 그 사람을 _____.

(5) 가 팬 사인회에 가서 사진도 찍어 왔어요?

　　나 팬들이 너무 많아서 사진을 제대로 _____.

● 보기 를 참고해서 여러분의 경험을 써 보세요.

1

보기

외국에서 혼자 생활하다 보면 생각하지 못한 일이 많이 생긴다. 나는 혼자 있을 때 열이 너무 많이 나서 죽을 뻔한 적이 있었다. 그럴 때는 고향에 돌아가고 싶다는 생각도 든다. 하지만 **힘들더라도** 혼자서 문제를 해결하고 나면 그만큼 성장한 것 같아서 기쁘기도 하다. 유학 생활 중에 또 힘든 일이 **생기더라도** 해결 방법을 찾으며 씩씩하게 지내야겠다.

외국에서 혼자 생활하다 보면 생각하지 못한 일이 많이 생긴다. _____

_____

_____

_____

2

보기

화가 **나더라도** 상대에게 감정을 그대로 드러내는 것은 좋지 않다. **참을래야 참을 수가 없어서** 화를 낸 것이라고 생각하겠지만 시간이 지나고 나면 후회하는 경우가 많다. 게다가 화를 낸 탓에 서로 감정이 상해서 나중에는 사이가 다시 **좋아질래야 좋아질 수 없게** 될 수도 있다.

일이 많아서 힘들더라도 부정적인 말을 많이 하는 것은 좋지 않다. _____

_____

_____

_____

어휘와 표현

● 빈칸에 알맞은 말을 쓰세요.

제한적	효율적	육체적	자동화	대중화

공장에서 제품을 만드는 과정에 로봇이 사용되면서 생산이 1. (　　　　　　　) 되고 인간의

2. (　　　　　　　) 노동이 크게 줄었다. 처음에는 로봇 사용이 3. (　　　　　　　)이었지만/였지만

점차 사용 분야가 넓어졌다. 로봇은 인간보다 4. (　　　　　　　)(으)로 일하기 때문에 더 경제적

이라고 할 수 있다. 이러한 장점 때문에 앞으로도 로봇은 더욱 5. (　　　　　　　) 되어 일상에서

자주 볼 수 있게 될 듯하다.

판단하다	등장하다	생산하다	벗어나다	단순하다

6. 복잡한 문제일수록 오히려 ＿＿＿＿＿＿＿＿＿＿ 생각해야 쉽게 답을 찾을 수 있다.

7. 다음 주면 시험이 끝나니까 그동안 받았던 시험 스트레스에서 ＿＿＿＿＿＿＿＿＿＿.

8. 성인이 되면 자신의 행동이 옳은지 옳지 않은지 스스로 ＿＿＿＿＿＿＿＿＿＿ 행동할 줄 알아야
한다.

9. 우리 공장에서는 짧은 시간 안에 더 많은 제품을 ＿＿＿＿＿＿＿＿＿＿ 위해서 로봇을 활용하고
있다.

10. 최근 새롭게 ＿＿＿＿＿＿＿＿＿＿ 반려 로봇은 혼자 사는 사람들이 느끼는 외로움을 덜어 줄
것으로 기대를 모으고 있다.

듣기 1

Track 01

○ 다음은 과학의 날 특집 인터뷰 내용입니다. 잘 듣고 빈칸을 채우세요.

> 이민규 최근에는 일상생활 곳곳에서 로봇을 만날 수 있게 됐습니다. 청소 로봇을 사용하는
> 가정도 늘었고, 카페나 식당에서 사람 대신 음료를 만들거나 안내하는 로봇도 쉽게 볼
> 수 있습니다. 처음에 로봇은 1. (   ) 하는 것이 전부였는데 오늘날에는
> 2. (   ). AI 로봇은 자신이 학습한 정보를 이용해 3. (   )
> 문제를 해결할 수 있습니다. 아직은 그 기술에 4. (   ) 앞으로 이런 기술들은
> 꾸준히 발전해 나갈 것으로 보입니다.

듣기 2

Track 02

○ 다음 발표 내용을 잘 듣고 질문에 답하세요.

1. 다음 중 파티마가 말한 내용이 <u>아닌</u> 것은 무엇입니까? (   )

   ① 로봇은 오랜 시간 일하더라도 지치지 않는다.
   ② 로봇은 적은 시간에 인간보다 많은 양의 일을 한다.
   ③ 생산이 자동화되면서 인간이 일하는 시간이 줄었다.
   ④ 이제 인간은 단순한 일만 하면서 살 수 있게 되었다.

2. 들은 내용과 같으면 ○표, 다르면 X표 하세요.

   (1) 청소 로봇이 대중화되려면 아직 멀었다.   (   )
   (2) 요즘 여가를 즐기지 못하는 사람들이 많다.   (   )
   (3) AI 기능이 있는 가전제품은 스스로 판단해서 일을 해결한다.   (   )

3. 파티마와 같은 의견을 가지고 있는 사람을 고르세요. (   )

   ① 빈: 사람들이 일하는 시간이 줄면 월급도 같이 줄지 않을까?
   ② 첸: 앞으로 인간이 로봇과 경쟁하는 시대가 올지도 모르겠군.
   ③ 올가: 이제 곧 인간보다 능력이 뛰어난 로봇이 개발될 수도 있겠는데.
   ④ 카린: 몸이 힘든 일은 로봇을 이용해서 하면 더 효율적으로 할 수 있겠어.

N마저

1 보기와 같이 대화를 완성하세요.

> 보기
>
> 가 요즘도 가게에 손님이 많지요?
>
> 나 날씨 탓인지 요즘엔 자주 오시던 <u>단골손님들마저</u> 안 오세요.

(1) 가 인기 있는 아이돌 가수가 드라마 주인공을 맡았다면서요?

　　나 네, 그런데 그 가수의 연기를 보고 _____ 실망한 듯해요.

(2) 가 연예인들은 자기 기사에 달린 악성 댓글보다 댓글이 없는 것을 더 걱정한대요.

　　나 맞아요. 어떻게 보면 _____ 관심의 표현이라고 할 수도 있으니까요.

(3) 가 할아버지 기억력이 많이 안 좋아지셨어요?

　　나 네, 이제는 제 _____ 잊으신 듯해요. 제 얼굴을 보고도 누구냐고 하셔서 너무 속상해요.

(4) 가 집에 먹을 게 좀 있어요?

　　나 아니요, _____ .

(5) 가 취직이 잘 안 되면 우선 아르바이트를 해 보는 건 어때요?

　　나 저도 그러고 싶은데 _____ .

A/V-(으)ㄹ까 싶다

2 보기와 같이 대화를 완성하세요.

> 보기
>
> 가 이번 수영 경기에서도 황 선수가 1등을 할까요?
>
> 나 글쎄요. 연습을 하다가 어깨를 다쳤다는데 경기에 <u>나올까 싶어요.</u>
>
> 몸을 생각해서 이번 경기는 쉬는 게 <u>좋지 않을까 싶네요.</u>

(1) 가 내일까지 택배가 도착할까요?

　　 나 지금 주문했는데 내일 _____.

　　　　 적어도 2~3일은 _____.

(2) 가 그 사람에게 원서 쓰는 것을 도와 달라고 부탁해 보지 그래요?

　　 나 별로 친하지 않은데 저를 _____.

　　　　 그냥 혼자서 해결하는 게 마음이 _____.

(3) 가 오염된 환경이 다시 깨끗해질 수 있을까요?

　　 나 사람들이 일회용품을 이렇게 많이 사용하는데 _____.

　　　　 일회용품 사용을 _____.

(4) 가 자고 일어나면 감기가 낫겠죠?

　　 나 증상이 꽤 심한데 하루 만에 _____.

　　　　 감기가 다 나을 때까지 _____.

(5) 가 4급 공부가 끝나면 한국에서 취직할 수 있을까요?

　　 나 5급을 수료해도 취직이 어렵다던데 _____.

　　　　 6급까지 공부하고 _____.

● [보기]를 참고해서 여러분의 경험을 써 보세요.

1

[보기] 오늘은 계속 안 좋은 일들이 생겨서 힘들었다. 면접시험을 잘 봤다고 생각했는데 마지막으로 지원한 **회사마저** 떨어졌다는 연락을 받았다. 답답한 마음에 친구를 만나고 싶었는데 제일 친한 **친구마저** 연락이 안 돼서 혼자 있다 보니 더 우울해졌다.

_____ 계속 안 좋은 일들이 생겨서 힘들었다. _____

_____

_____

_____

2

[보기] 아이가 잘 자라기를 바라는 부모의 마음은 다 같을 듯하다. 그래서 아이가 해결해야 하는 문제를 대신해 주는 부모도 있다. 그런데 부모의 이런 태도가 정말 아이에게 도움이 **될까 싶다.** 오히려 스스로 문제를 해결할 수 있도록 옆에서 가만히 지켜봐 주는 것이 **좋지 않을까 싶다.**

_____ 기를 바라는 _____ 의 마음은 다 같을 듯하다. 그래서 _____

_____

_____

_____

어휘와 표현

○ 빈칸에 알맞은 말을 쓰세요.

상상력	시공간	가상 세계	아바타	비대면

과거에는 먼 곳에 사는 사람과 실시간으로 대화를 나누는 것이 굉장히 어려운 일이었다. 하지만 인터넷이 발달하면서 1. (   )을/를 넘어 언제 어디서든 이야기할 수 있게 됐다. 또 가까운 곳에 있더라도 직접 만나지 못할 때에는 2. (   ) 모임을 통해 관계를 이어 나갈 수 있다. 최근에는 현실의 나를 대신하는 3. (   )이/가 4. (   ) 에서 사회, 문화, 경제 활동을 하는 것도 가능해졌다. 이처럼 인간은 실제로 경험하거나 보지 않은 것도 5. (   )을/를 통해서 만들어 내곤 한다.

무한하다	발휘하다	초월하다	확산되다	실현되다

6. 전 세계적으로 일회용품 사용을 줄여야 한다는 인식이 ＿＿＿＿＿＿＿＿＿＿ 있다.

7. 내가 가진 능력을 마음껏 ＿＿＿＿＿＿＿＿＿＿ 수 있는 회사에서 동료들에게 인정받으며 일하고 싶다.

8. 시련을 극복한 주인공의 성공 이야기는 시대를 ＿＿＿＿＿＿＿＿＿＿ 많은 사람들에게 사랑을 받는다.

9. 젊음이 좋은 이유는 앞으로 무엇이든 할 수 있는 ＿＿＿＿＿＿＿＿＿＿ 가능성을 가지고 있기 때문이 아닐까 싶다.

10. 가수 데뷔를 꿈꾸는 연습생들은 힘들더라도 꿈이 ＿＿＿＿＿＿＿＿＿＿ 그날까지 포기하지 않겠다며 매일 열심히 연습하고 있다.

읽기 1

1 다음은 VR과 AR에 대한 내용입니다. 잘 읽고 빈칸에 맞는 내용을 모두 고르세요.

VR은 가상 세계에서 사람이 실제와 같은 체험을 할 수 있게 하는 기술이다. AR은 디지털 방식으로 만든 콘텐츠를 현실 세계에 추가해서 보여 주는 기술을 말한다. VR을 활용한 예로는 기기를 쓴 채로 (1) (　　,　　) 등이 있으며 (2) (　　,　　)은/는 AR 기술을 활용한 예이다.

㉮ 먼저 세상을 떠난 가족을 다시 만나는 것

㉯ 스마트폰에서 사진을 찍을 때 얼굴을 꾸며주는 앱

㉰ 실제로는 없지만 앱을 통해 보면 나오는 캐릭터를 잡는 게임

㉱ 멀리 사는 친구와 1:1로 탁구나 테니스 같은 스포츠 게임을 즐기는 것

읽기 2

1 다음은 무엇에 대한 글인지 고르세요. (   )

> - 현실을 초월한다는 의미와 우주라는 뜻이 더해져 만들어진 단어다.
> - 이곳에서는 현실의 나를 대신하는 캐릭터가 다양한 활동을 한다.
> - 과학 기술의 발달과 비대면 서비스가 확산되며 사람들의 관심을 받고 있다.

① AR 기술   ② 메타버스   ③ 비대면 수업   ④ 아바타 개발

2 다음을 읽고 빈칸에 알맞은 것을 고르세요. (   )

> 메타버스는 현실 세계와 같은 사회, 문화, 경제 활동이 이루어지는 가상 세계를 말한다. 이곳에서는 가상의 아바타가 현실의 나를 대신하여 다양한 활동을 한다. 메타버스라는 말이 낯설게 느껴지는 사람도 있겠지만 실제로 이를 이용해 본 사람들의 반응은 뜨겁다. 메타버스 이용자들은 (   ) 직접 경험해 보니 예상했던 것과 다르게 현실과 비슷해서 놀랐다고 말한다. 또 평소에 낯을 가리는 성격인데 대면하지 않고 아바타로 소통할 수 있어서 편하고 좋다고 평가하기도 한다.

① 가상 세계에서 활동하는 것이 낯설까 싶었는데

② 가상 세계가 정말 현실 세계와 비슷할까 싶었는데

③ 가상 세계지만 현실 세계와 거의 같지 않을까 했는데

④ 가상 세계라도 현실 세계의 느낌을 줄 거라고 생각했는데

7-3 한 단계 오르기

실전 쓰기: 장점과 단점

● 다음을 참고하여 '배달 로봇'의 장점과 단점에 대한 글을 200~300자로 쓰세요.

	장점	단점
배달 로봇	• 인건비를 줄일 수 있다 • 직원을 뽑는 것보다 관리가 쉽다	• 아직 사람보다 배달 속도가 느리다 • 배달 중 사고가 났을 때 문제를 해결하기 어렵다

아름다운 한글

music

CHAPTER

08

한글

A/V-았/었더라면

1 보기 와 같이 대화를 완성해 보세요.

> 보기
> 가 마크 씨, 유학을 안 왔다면 뭘 하고 있었을 것 같아요?
>
> 나 <u>유학을 안 왔더라면</u> 프랑스에서 회사에 다니고 있었을 거예요.

(1) 가 인터넷이 없었다면 어땠을까?

　　나 _____ .

(2) 가 세종대왕이 한글을 만들지 않았다면 어떻게 됐을까요?

　　나 _____ .

(3) 가 여보, 만약 나랑 결혼하지 않았으면 어땠을 것 같아요?

　　나 _____ .

(4) 가 미안해. 내가 늦게 도착하는 바람에 영화를 못 보게 됐네.

　　나 그러게, _____ .

(5) 가 학창 시절을 생각했을 때 제일 후회되는 일이 뭐야?

　　나 _____ .

V-(으)ㄴ 끝에

2 보기의 표현을 활용해서 다음과 같이 대화를 완성해 보세요.

> 보기
>
> 가 어떤 학과에 지원할지 결정했어?
>
> 나 오랫동안 <u>고민한 끝에</u> 건축학과에 지원하기로 했어.

고민하다   준비하다   설득하다   논의하다   알아보다   시행착오를 겪다

(1) 가 다음 학기도 등록할 예정인가요?

　　나 몸이 좀 안 좋아져서 부모님과 _____ .

(2) 가 좋은 아르바이트 자리를 찾았나요?

　　나 여기저기 _____ .

(3) 가 어떻게 개발 사업을 반대하던 주민들의 마음을 바꾸셨나요?

　　나 몇 번을 찾아뵙고 _____ .

(4) 가 기말 발표 준비는 다 끝났어?

　　나 어제 밤을 새워서 _____ .

(5) 가 이렇게 오래 사용할 수 있는 배터리를 개발하는 것이 힘들지 않으셨습니까?

　　나 힘들기는 했지만 여러 번의 _____ .

◉ 보기를 참고해서 여러분의 경험을 써 보세요.

1

보기

내가 인생에서 제일 후회하는 일은 좀 더 일찍 인생의 목표를 정하지 못한 것이다. 만약 내가 학창 시절에 하고 싶은 일을 찾고 좀 더 일찍 인생의 목표를 **정했더라면** 20대에 방황했던 시간을 줄일 수 있었을 것이다. 그렇게 **했더라면** 지금은 좀 더 나은 삶을 살고 있지 않았을까?

내가 인생에서 제일 후회하는 일은 _____

_____ 만약 내가 _____

_____–았/었을 것이다. 그리고 지금은

_____–지 않았을까?

2

보기

내 인생에서 가장 잘한 일은 한국에 유학을 온 일이다. 처음 한국으로 유학을 가겠다고 했을 때 부모님은 반대하셨지만 나는 포기하지 않고 부모님을 **설득한 끝에** 한국에 유학을 오게 되었다. 그렇게 한국에 유학을 와서 새로운 문화를 경험하고 여러 친구들을 사귀면서 적응하려고 **노력한 끝에** 한 단계 더 성장했다는 생각이 든다.

내 인생에서 가장 잘한 일은 _____

_____

_____

_____

어휘와 표현

● 빈칸에 알맞은 말을 쓰세요.

| 개최하다 | 기록하다 | 공개하다 | 후원하다 | 참고하다 |

1. 다음 올림픽은 어느 나라에서 _____?

2. 홍익 전자는 해마다 경제적으로 어려운 청소년들의 학비를 _____.

3. 선생님이 추천해 주신 책들을 _____ 이번 발표 주제를 정했습니다.

4. 아이돌 그룹 HTS는 이번 주말 새 앨범을 _____ 방송 활동을 시작할 예정이다.

5. 조선 시대 왕궁에는 역사를 _____ 일을 맡은 사람이 있었는데 그들은 왕이 하는 모든 일을 빼놓지 않고 적었다.

| 임금 | 백성 | 양반 | 문자 |

신하　6. (　　　　　)님, 이미 우리는 한자를 잘 사용하고 있는데 왜 새로운 7. (　　　　　)을/를 만드시려고 하십니까?

세종　힘없는 8. (　　　　　)들은 한자를 몰라서 책을 읽고 싶어도 읽을 수가 없고, 자신의 생각을 글로 쓰고 싶어도 쓸 수가 없는데 어떻게 새로운 글자가 필요 없다고 말할 수 있겠는가?

신하　그래도 새로운 글자를 만드신다는 소식이 알려진다면 9. (　　　　　)들이 가만히 있지 않을 것입니다.

세종　반대가 있더라도 백성들에게 필요한 일이라면 해야 하지 않겠나?

듣기 1

Track 03

○ 다음을 잘 듣고 빈칸을 채우세요.

> 한글날을 기념하여 서울시에서는 국내에 거주하고 있는 외국인 유학생을 대상으로 한국어 말하기 대회를 1.(   ). '한국어'와 '한글'을 주제로 자신의 경험과 생각을 자유롭게 이야기해 보십시오. 서울시에서 2.(   ) 홍익 전자가 3.(   ) 이번 말하기 대회의 수상자들에게는 총 1,000만 원 상당의 장학금과 상품권이 지급될 예정입니다. 참가 신청은 4.(   ) 가능하며 더 자세한 내용은 서울시 홈페이지를 참고해 주시기 바랍니다.

듣기 2

Track 04

○ 다음 대화를 잘 듣고 질문에 답하세요.

1. 한글과 한글날에 대한 설명으로 맞지 <u>않는</u> 것을 고르세요. (   )

　① 한글날은 10월 9일이다.
　② 한글을 만든 방법을 기록한 책이 있다.
　③ 한글은 조선 시대 양반들이 주로 사용하던 문자였다.
　④ 한글날은 한글을 만들고 사람들에게 알린 것을 기념하는 날이다.

2. 들은 내용과 같으면 ○표, 다르면 X표 하세요.

　(1) 세종대왕은 언어학에 대한 공부를 많이 했다.   (   )
　(2) 세종대왕이 한글을 만들 때 백성들의 반대가 있었다.   (   )
　(3) 세종대왕은 학자들과 긴 토론을 나눈 끝에 한글을 만들었다.   (   )
　(4) 세종대왕이 직접 한글을 만들었다는 역사적 기록이 남아 있다.   (   )

3. 세종대왕이 많은 사람들의 존경을 받는 이유는 무엇입니까?

　(1) _____ 을/를 위해서가 아니라 (2) _____ 을/를 위해서 한글을 만들었기 때문이다.

8-2 한글은 단순하면서도 아름다워요

A/V-(으)면서도

1 보기와 같이 대화를 완성하세요.

> 보기
>
> 가 한복을 처음 입어 보죠? 실제로 한복을 입어 보니까 어때요?
>
> 나 옷이 <u>고급스러우면서도</u> 생각보다 활동하기에 편한 것 같아요.

(1) 가 새로 이사 간 집이 어때요?

　　나 _____ .

(2) 가 또, 김밥 먹고 있어요? 김밥을 왜 그렇게 좋아해요?

　　나 김밥은 _____ .

(3) 가 내가 남자 친구 생긴 거 알고 있었어? 왜 그동안 모르는 척했어?

　　나 네가 다른 사람한테 알리기 싫어하는 것 같아서 _____ .

(4) 가 엠마 씨, 홍대 근처에 살죠? 혹시 학교 근처에 휴대폰 고칠 데가 있을까요?

　　나 미안해요. 제가 이사한 지 얼마 안 돼서 _____ .

(5) 가 아까 축구를 하다가 왜 파비우한테 화를 냈어?

　　나 파비우가 _____ .

A/V-아/어서 그런지

2 보기와 같이 대화를 완성해 보세요.

> 보기
>
> 가 룸메이트는 오늘도 집에 없어?
>
> 나 응, <u>친구가 많아서 그런지</u> 주말마다 약속이 있다고 나가네.

(1) 가 감기 걸렸어? 계속 콧물을 흘리네.

　　나 응, 어제 에어컨을 _____.

(2) 가 어, 9시도 안 됐는데 아주머니가 또 가게 문을 닫으셨네요.

　　나 그러게요. 요즘에 손님이 _____.

(3) 가 외국에서 중요한 손님이 오는데 어떤 음식을 대접하면 좋을까요?

　　나 삼계탕 어때요? _____.

(4) 가 서준아, 오랜만이야. 왠지 피부가 더 좋아진 것 같은데?

　　나 그래? 담배를 _____.

(5) 가 요즘 한국어를 배우는 외국인들이 많아진 것 같아요.

　　나 네, _____.

● 보기를 참고해서 여러분의 경험을 써 보세요.

1

> 보기
>
> 지금도 가끔 고등학교를 졸업했을 때의 기분이 생각난다. 나는 고등학교를 졸업했을 때 **신나면서도** 두려웠다. 드디어 12년 동안의 학창 시절이 끝나고 이제 뭐든지 마음대로 할 수 있는 성인이 된다고 생각하니 신나는 느낌이었지만 이제 나의 미래는 내가 스스로 책임져야 한다고 생각하니 가끔은 두렵기도 했다.

나는 지금도 가끔 _____ –았/었을 때의 기분이 생각난다.

_____

_____

_____

2

> 보기
>
> 한국 사람들은 성격이 **급해서 그런지** 메시지 내용을 확인하자마자 답장을 보낸다. 그리고 메시지를 빨리 읽고 답장을 보내지 않으면 답답해하거나 화를 낸다. 우리 나라에서는 뭐든지 여유 있게 하는 편이기 때문에 이런 '빨리빨리' 문화는 아직 잘 적응이 되지 않는다.

한국 사람들은 _____

_____

_____

_____

어휘와 표현

● 빈칸에 알맞은 말을 쓰세요.

획	자음	모음	음절	기관

1. '아름답다'는 4개의 ( )(으)로 이루어진 단어이다.

2. 한글 '기역(ㄱ)'은 중간에 끊지 않고 한 ( )에 써야 한다.

3. 영어에서 ( )을/를 표기하는 알파벳으로는 'a, e, i, o, u'가 있다.

4. 한글은 우리 몸에 있는 발음 ( )의 모양을 따라서 만들었다고 한다.

5. ( )은/는 발음을 할 때 혀나 입술이 입안의 여기저기를 막아서 나는 소리를 말한다.

본뜨다	표기하다	덧붙이다	구분하다	조합하다

문자는 크게 표음 문자와 표의 문자로 6. _____. 표음 문자는 말의 소리를 기호로 7. _____ 문자인데 대표적으로 알파벳과 한글 등이 있다. 예를 들어 한글의 '나'는 'ㄴ[n]'과 'ㅏ[a]'를 8. _____ 하나의 소리를 만든다. 표의 문자는 말의 의미를 기호로 나타내는 문자로 대상의 모양을 9. _____ 글자를 만든다. 예를 들어 '나무'라는 뜻을 가진 한자 '木(목)'은 나무의 모양을 따라서 만들어졌다. 그리고 여기에 똑같은 글자인 '木(목)'을 10. _____ '숲'이라는 의미를 가진 '林(림)'이라는 한자가 된다.

읽기 1

1 다음 글을 읽고 알 수 <u>없는</u> 것을 고르세요. (   )

한글이 만들어지기 전까지 한국에서는 한자를 사용해서 글을 적었다. 하지만 한국어를 한자로 표기하는 것은 힘든 일이었다. 그래서 조선 시대의 백성들은 하고 싶은 말이 있어도 자기의 뜻을 글로 쓰지 못했다. 이를 불쌍하게 생각한 세종대왕은 스물여덟 개의 자음과 모음을 만들어서 '백성을 가르치는 바른 소리'라는 의미인 '훈민정음'이라고 이름 짓고 사람들이 쉽게 익혀서 날마다 편하게 쓸 수 있게 하였다.

① 세종대왕이 훈민정음을 만들었다.

② 한글로 쓸 수 있는 글자는 모두 28개이다.

③ 조선 시대에는 글을 쓰지 못하는 백성들이 많았다.

④ 한글이 처음 만들어졌을 때의 이름은 훈민정음이었다.

읽기 2

1 다음 글의 중심 생각으로 맞는 것을 고르세요. ( )

> 발명가들은 새로운 물건을 만들어 낼 때 어떻게 하면 사람들이 더 쉽고 편하게 그 물건을 사용할 수 있을지 편의성에 대해서 고민한다. 이러한 고민은 당연히 그 물건의 디자인에도 영향을 미치게 된다. 문자의 경우도 이와 크게 다르지 않다. 한글은 이전에 사용하던 한자 사용의 불편함을 개선하기 위해 만들어졌다. 그러므로 세종대왕 역시 한글의 모양을 디자인할 때 어떻게 하면 사람들이 더 쉽게 배우고 편하게 사용할 수 있을지 수많은 고민을 했을 것이다.

① 한글이 만들어지기 전에 한국에서는 한자를 사용했다.

② 고민을 많이 하면 좋은 디자인의 제품을 만들 수 있다.

③ 새로운 물건을 만들 때는 편의성과 효율성을 고민해야 한다.

④ 사람들이 쉽게 배우고 편하게 쓸 수 있도록 한글이 디자인되었다.

2 ㉠의 '이런 원리'에 대한 설명이 <u>아닌</u> 것은 무엇입니까? ( )

> 한글의 기본 자음 'ㄱ, ㄴ, ㅁ, ㅇ, ㅅ'은 사람들이 그 소리를 쉽게 기억하도록 소리가 나는 각 발음 기관의 모양을 따라서 만들었다. 모음 'ㆍ, ㅡ, ㅣ'는 하늘과 땅, 그리고 사람의 모양을 본떠서 만들었다. 글자에 세상의 모습을 담은 것이다. 한글의 다른 자음과 모음들은 이렇게 만들어진 기본 글자들에 획을 더하거나 다른 기본 글자를 덧붙여 'ㄱ, ㅋ, ㄲ'처럼 비슷하면서도 다른 소리를 구분하여 표기할 수 있게 하였다. ㉠ <u>이런 원리</u>로 만들어져서 그런지 한국어를 처음 접하는 외국인도 한글을 배우는 데에는 많은 시간이 걸리지 않는다.

① 외국인들이 쉽게 배울 수 있도록 만들었다.

② 자음은 발음 기관의 모양을 본떠서 만들었다.

③ 모음은 하늘과 땅, 그리고 사람의 모양을 따라서 만들었다.

④ 기본 글자에 획을 더해 비슷하면서도 다른 소리를 구분했다.

8-3 한 단계 오르기

● 다음 보기를 참고하여 여러분 나라의 특별한 기념일에 관한 글을 200자 내로 쓰세요.

> 보기   매년 10월 9일 한글날을 맞아 한글의 독창성과 과학성을 널리 알리고 한글 사랑 의식을 높이기 위해 한글을 주제로 하는 다양한 행사가 전국 각지에서 열린다. 한글날은 세종대왕이 훈민정음을 만들고 세상에 알린 것을 기념하기 위한 날로 1949년에 처음으로 공휴일로 지정됐다. 하지만 1991년에 공휴일 지정이 취소된 탓에 한글의 소중함에 대한 사람들의 인식이 점점 낮아졌다. 그래서 2013년에 한글날을 다시 공휴일로 지정하여 한글의 소중함을 되새기고 있다.

구분	내용
특별한 기념일	
그 기념일과 관련된 이야기	

SALE
30%

착한 소비(선결제, 선구매)가 소상공인에게 힘이 됩니다
- 착한 소비자의 날 : 매월 25일 -

music

CHAPTER

09

생활과 경제

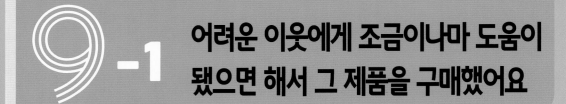
N(이)나마

1 [보기]와 같이 알맞은 말을 연결해서 문장을 만들어 보세요.

간단한 샐러드	남아 있다	다행이다
(1) 맨 뒷자리	만나다	5급에 가게 되다
(2) 읽기 점수	먹을 수 있다	뿌듯하다
(3) 잠깐	줄 수 있다	콘서트를 볼 수 있다
(4) 작은 도움	구매하다	반가웠다
(5) 중고 제품	잘 받다	잘 사용하고 있다

> [보기] 점심을 챙겨 먹을 시간이 없는데 간단한 <u>샐러드나마</u> 먹을 수 있어서 다행이에요.

(1) 표가 거의 매진됐는데 _____.

(2) 다른 점수는 나쁜데 _____.

(3) 긴 시간은 아니지만 _____.

(4) 밥을 못 먹는 아이들에게 _____.

(5) 이 카메라는 인기 모델이라 품절인데 _____.

A/V-(으)ㄹ 뿐이다

2 보기와 같이 대화를 완성해 보세요.

> 보기
>
> 가 얼굴이 안 좋아 보이는데 괜찮아요?
>
> 나 괜찮아요. 어제 잠을 설쳐서 좀 <u>피곤할 뿐이에요</u>.

(1) 가 평일에 특별히 하는 일이 있어요?

　　나 아니요, 평일에는 그냥 _____.

(2) 가 마크 씨, 속이 많이 불편하면 병원에 가 보는 게 어때요?

　　나 괜찮아요. 아까 과식해서 _____.

(3) 가 시험을 볼 때마다 점수가 좋은 비결이 뭐예요?

　　나 특별한 비결은 없고 그저 _____.

(4) 가 오늘 평소랑 달라 보이네요.

　　나 그래요? _____.

(5) 가 그냥 와도 되는데 왜 선물까지 준비했어요?

　　나 부담 갖지 마세요. 큰 건 아니고 _____.

◉ 보기를 참고해서 여러분의 경험을 써 보세요.

1

보기

    한국에 유학을 온 지 벌써 6개월이 되었다. 학교에 다니면서 한국어를 배우는 것은 재미있지만 학교에서 집까지 1시간이 걸려서 통학하는 것이 힘들다. **그나마** 지하철에 자리가 항상 있어서 앉아서 올 수 있는 건 다행이라고 생각한다.

한국어를 공부한 지 벌써 _____

_____

_____

_____

2

보기

    나는 필요한 물건을 살 때 사회적 가치를 실천할 수 있는 제품을 구매하려고 한다. 예를 들어 커피나 초콜릿을 살 때는 종종 아프리카 어린이들에게 도움이 되는 착한 커피, 착한 초콜릿을 산다. 소비를 통해 작은 나눔을 **실천할 뿐이지만** 보람이 있는 일이라고 생각한다.

나는 필요한 물건을 살 때 _____

_____

_____

_____

어휘와 표현

◉ 빈칸에 알맞은 말을 쓰세요.

| 소비 | 매출 | 선행 | 보탬 | 가치 |

1. 밥을 못 먹는 어린이들에게 작은 (   )이나마 되고 싶어서 매월 2만 원씩 기부한다.

2. 그 배우가 오랫동안 해 오던 (   )이/가 SNS를 통해 많은 사람들에게 알려졌다.

3. 사회적 (   )을/를 중요하게 생각하는 기업들의 제품을 구매하고자 한다.

4. 환경을 생각하면서 물건을 사는 것도 착한 (   )의 하나라고 할 수 있다.

5. 홍익 식품이 홍수로 피해를 입은 지역을 돕기 위해 기부했다는 뉴스가 나오자 (   )이/가 30% 증가했다고 한다.

| 베풀다 | 훈훈하다 | 쑥스럽다 | 실천하다 | 추구하다 |

　　결식아동들에게 빵과 음료를 지속적으로 후원해 온 '카페 와우'가 화제가 되면서 사람들의 마음을 6. ＿＿＿＿＿＿＿＿＿＿＿ 하고 있다. 사장님은 아이들이 간식을 먹으며 기뻐하는 모습에 시작한 작은 일인데 사람들에게 알려져 7. ＿＿＿＿＿＿＿＿＿＿＿ 했다. 이 소식을 접한 많은 사람들도 이런 나눔을 그저 생각이 아닌 행동으로 8. ＿＿＿＿＿＿＿＿＿＿ 싶다고 댓글을 달았다. 이처럼 자신이 가진 것을 9. ＿＿＿＿＿＿＿＿＿＿＿ 사회적 가치를 10. ＿＿＿＿＿＿＿＿＿＿＿ 가게들이 사람들의 관심을 끌고 있다.

듣기 1

Track 05

◉ 다음은 사장님과 리포터의 대화입니다. 잘 듣고 빈칸을 채우세요.

사장님 형은 치킨을 먹자고 조르는 동생에게 아무 대답도 못하고 메뉴판만 보고 있더라고요.
제가 치킨을 주문하러 왔냐고 하니 1. (   ) 먹을 수 있냐고 물어봐서 아이
들을 데리고 매장 안으로 들어왔죠. 그러고 나서 먹고 싶었던 메뉴를 마음껏 먹으라고
했어요. 저는 그냥 작은 일을 2. (   ) 이렇게 인터뷰까지 하러 오시다니,
정말 3. (   ).

리포터 사장님은 이후에도 형제에게 몇 번이나 치킨을 무료로 제공했고 4. (   )
선행이 SNS에 알려지면서 칭찬 댓글이 끊이지 않고 있다고 합니다.

듣기 2

Track 06

◉ 다음 대화를 잘 듣고 질문에 답하세요.

1. 사장님이 앞으로 지속적으로 하고자 하는 일은 무엇입니까? (   )

① 공정 무역 초콜릿을 구매한다.
② 밥을 못 먹는 아이들을 후원한다.
③ 일부러 착한 가게를 찾아 구매한다.
④ 소비 활동을 공유하고 관심을 이끈다.

2. 들은 내용과 같으면 ◯표, 다르면 Ｘ표 하세요.

(1) 카린은 서준의 이야기를 듣고 착한 치킨 가게에 대해 알게 됐다.　　(　　　　)
(2) 착한 소비란 이웃에게 필요한 물건을 사 주는 것을 말한다.　　(　　　　)
(3) SNS를 통해 착한 소비 문화가 확산되고 있다.　　(　　　　)
(4) 요즘은 소비를 통해 사회적 가치를 추구하는 사람들이 많아졌다.　　(　　　　)

3. 듣기에 나온 착한 소비를 실천하는 예로 적절하지 <u>않은</u> 것을 고르세요. (   )

① 파비우: 선행을 많이 하는 가게에 찾아가서 음식을 먹으려고 해요.
② 엠마: 옷 한 벌을 사면 한 벌을 이웃에게 기부하는 제품을 사야겠다.
③ 첸: 쓸 때마다 환경 보호를 위한 돈이 적립되는 카드를 이용해야겠네.
④ 마크: 생활비가 부족하니까 불필요한 지출은 줄이고 필요한 물건만 사야겠어.

V-ㄴ/는다는 게

1 보기 와 같이 대화를 완성하세요.

> 보기
> 가 주문하신 김치찌개 나왔습니다.
>
> 나 어머, 된장찌개를 <u>시킨다는 게</u> 김치찌개를 시켰나 봐요.

(1) 가 고객님, 이 카드는 결제가 안 되는데요.

　　나 아이고, _____ 다른 카드를 잘못 드렸네요.

(2) 가 일찍 출발했다고 하더니 왜 이렇게 늦게 왔어요?

　　나 홍대 방향으로 가는 _____.

(3) 가 하얀 티셔츠에 파란 물이 들었네요.

　　나 세탁기에 흰 빨래만 _____.

> 보기
> 가 친구가 왜 화가 났어요?
>
> 나 <u>오해를 풀어 준다는 게</u> 오히려 더 화가 나게 했나 봐요.

(4) 가 어제 산 과자를 벌써 다 먹었어? 3개나 샀잖아.

　　나 과자가 너무 맛있어서 _____.

(5) 가 제가 어제 부탁했던 일은 마쳤어요?

　　나 죄송해요. 어제 너무 피곤했는지 _____.

(6) 가 어제 술을 늦게까지 마셨다면서?

　　나 술자리에서 먼저 갈 수 없는 분위기라서 _____.

AIV-길래

2 보기와 같이 대화를 완성해 보세요.

> 보기
>
> 가 웬 군고구마예요?
>
> 나 <u>맛있어 보이길래</u> 군고구마를 한 봉지 샀어요.

(1) 가 웬 사과를 이렇게 많이 샀어?

    나 _____.

(2) 가 마크 씨는 같이 안 왔어요?

    나 계속 기다려도 _____.

(3) 가 빈 씨, 신용 카드를 또 만들었어요?

    나 _____.

(4) 가 어제 병원에 갔다 왔다면서?

    나 응, _____.

(5) 가 요즘 비타민 영양제를 잘 챙겨 드시네요.

    나 비타민이 _____.

42

● <보기>를 참고해서 여러분의 경험을 써 보세요.

1

8월 14일 수요일   날씨 :비 온 뒤 갬

오늘은 되는 일이 없는 날이었다. 아침에 교과서가 들어 있는
가방을 챙겨 **나온다는 게** 다른 가방을 가지고 와서 수업을 제대로
이해할 수 없었다. 수업이 끝나고 친구를 만나러 광화문에 가야
하는데 신촌 방향의 지하철에 **탑승한다는 게** 합정 방향으로 가는
열차를 타고 말았다.

(   )월 (   )일 (   )요일   날씨: _____

오늘은 종일 실수를 많이 한 날이었다. _____

_____

_____

_____

2

가끔 계획에 없던 소비를 하고 후회하는 경우가 있다. 몇 달
전에는 마트에서 1+1 행사를 **진행하길래** 소시지를 잔뜩 사 왔는데
결국 유통 기한이 지나서 반 이상을 버렸다. 또 인터넷 쇼핑몰을
구경하다가 모델이 입은 원피스가 너무 **예뻐 보이길래** 구매했는데
받고 보니 색감이 달라서 후회한 적이 있다.

가끔 계획에 없던 _____

_____

_____

_____

어휘와 표현

● 빈칸에 알맞은 말을 쓰세요.

| 호황 | 불황 | 현상 | 만족도 | 판매량 |

1. 계속되는 경제 (　　　　　　　)(으)로 여러 분야의 기업들이 어려움을 겪고 있다.

2. 홍익 전자에서 새로 나온 스마트폰의 (　　　　　　　)이/가 꾸준히 늘고 있다.

3. 물가와 부동산 가격이 급격히 오르는 경제 (　　　　　　　)이/가 앞으로 지속될 전망이다.

4. 휴가철을 맞아 여행을 떠나는 사람들이 많아져 여행사들이 (　　　　　　　)을/를 누리고 있다.

5. 신제품에서는 부족한 기능을 개선해서 소비자들의 (　　　　　　　)이/가 높아졌다.

| 얇아지다 | 넉넉하다 | 졸라매다 | 예측하다 | 저렴하다 |

　　올해 하반기에 접어들어 경제 상황이 급격하게 나빠지면서 지갑이 6. ＿＿＿＿＿＿＿＿＿＿ 소비자들은 웬만하면 돈을 쓰지 않고 허리띠를 7. ＿＿＿＿＿＿＿＿ 있다. 경제적으로 여유가 있어 형편이 8. ＿＿＿＿＿＿＿＿ 때에는 지갑을 쉽게 열지만 요즘 같은 시기에는 정말 필요한 물건이나 서비스가 아니라면 돈을 쓰지 않는 것이다. 전문가들은 특히 가격이 높은 제품들이 많은 백화점의 매출은 감소하는 반면에 가격이 상대적으로 9. ＿＿＿＿＿＿＿＿＿ 할인 마트의 매출은 증가할 것이라고 앞으로의 상황을 10. ＿＿＿＿＿＿＿＿.

읽기 1

1 다음의 신문 기사 제목을 읽고 경제 불황과 관련된 기사를 모두 고르세요. (,   )

㉮

허리띠 졸라매는 사람들!
쿠폰, 포인트 적립에 적극적인 소비자 급증

㉯

해외 여행 떠나자 ~
"여행객 늘어 행복한 여행사들!"

㉰

비쌀수록 잘 팔린다!
명품 가방 매출 증가

㉱

전국 대형 마트 '1,000원 경쟁'
"얇아진 소비자 지갑을 열어라."

읽기 2

1 다음 글의 내용과 일치하지 <u>않는</u> 것을 고르세요. (　　　)

> 　나는 주말에 친구와 함께 햄버거를 먹으러 갔는데 그날따라 가게는 사람들로 발 디딜 틈 없이 붐볐다. 친구는 요즘 경제가 불황이라서 햄버거 가게에 사람이 많은 거라고 하면서 나에게 경제학 수업 시간에 들은 '햄버거 효과'에 대해서 설명해 주었다. 햄버거 효과라는 말은 경제 불황 시기에 비싼 음식 대신 햄버거나 라면 등 상대적으로 저렴한 음식을 많이 찾게 되는 현상을 뜻한다고 했다. 실제로 경제가 어려워지면 대부분의 식품 회사는 매출이 줄어들지만 햄버거와 라면 회사는 오히려 매출이 증가한다는 통계 자료도 있다.

① 햄버거 가게는 사람이 많아서 복잡했다.

② 친구는 경제학 수업 시간에 배운 내용을 설명했다.

③ 경제 불황 시기에는 모든 식품 회사의 판매량이 준다.

④ 햄버거 효과는 경제가 안 좋을 때 나타나는 현상이다.

2 다음을 읽고 글의 순서로 알맞은 것을 고르세요. (　　　)

> (가) 이런 현상은 다양한 분야에서 나타나고 있으며 시대에 따라 그 품목도 변화하고 있다.
>
> (나) 그런데 이런 객관적인 자료 외에도 사람들의 소비 습관을 관심 있게 살펴보면 지금 경제가 호황인지 불황인지 어느 정도 추측할 수 있다고 한다.
>
> (다) 평소에 잘 느끼지는 못하지만 우리의 소비 패턴도 경제 상황에 달려 있다는 것이다.
>
> (라) 보통 경제 전문가들은 주가를 비롯해서 환율, 금리, 실업률 등의 다양한 자료를 보고 경제 상황을 예측한다.

① (가)–(다)–(나)–(라)　　　　　　② (라)–(나)–(다)–(가)

③ (가)–(라)–(다)–(나)　　　　　　④ (라)–(가)–(다)–(나)

실전 쓰기: 개념 설명하기

● '햄버거 효과'에 대해 메모하고, 개념을 설명하는 글을 200~300자로 쓰세요.

정의하기	•
추가 설명하기	•
구체적으로 설명하기	•

20

40

60

80

100

120

140

160

180

200

220

240

260

280

300

CHAPTER

대중문화

N치고

1 보기와 같이 대화를 완성해 보세요.

> 보기
>
> 가 한국 사람들은 모두 김치를 먹어요?
>
> 나 그럼요, <u>한국 사람치고</u> 김치를 안 먹는 사람은 없을걸요.

(1) 가 제가 잘하고 있는 건지 잘 모르겠어요.

　　나 오늘 처음 해 본다고 했죠? ＿＿＿＿＿＿＿＿＿＿＿＿＿ 정말 잘하고 있는 거예요.

(2) 가 아이가 장난감을 정말 좋아하네요.

　　나 그럼요, ＿＿＿＿＿＿＿＿＿＿＿＿＿＿＿ 아이가 어디 있겠어요?

(3) 가 요즘 중학생들은 모두 스마트폰을 가지고 다닌다면서요?

　　나 그럼요, ＿＿＿＿＿＿＿＿＿＿＿＿＿＿＿＿＿.

(4) 가 여름인데도 날씨가 꽤 시원하네요.

　　나 네, ＿＿＿＿＿＿＿＿＿＿＿＿＿＿＿＿＿.

(5) 가 저 농구 선수는 키가 별로 안 크네요.

　　나 네, ＿＿＿＿＿＿＿＿＿＿＿＿＿＿＿＿＿.

2 보기와 같이 대화를 완성해 보세요.

보기
가 부모님이 왜 화가 나셨어요?

나 부모님이 아끼는 화병을 제가 <u>깨뜨리고 말았어요</u>.

(1) 가 왜 이렇게 케이크가 짜요?

나 설탕을 넣는다는 게 그만 _____.

(2) 가 다리를 왜 다쳤어요?

나 휴대폰을 보면서 걷다가 _____.

(3) 가 무슨 일 때문에 이렇게 울고 있어요?

나 _____.

보기
가 네 룸메이트는 지금 공부하고 있어?

나 응, 이번에는 장학금을 꼭 <u>받고 말겠다면서</u> 매일 5시간씩 공부하고 있어.

(4) 가 카린 씨는 콘서트 표를 예매하러 PC방에 갔어요?

나 네, _____.

(5) 가 네? 파비우 씨가 떡볶이 맛집에 줄을 서려고 아침 7시에 나갔다고요?

나 _____.

● 보기를 참고해서 여러분의 경험을 써 보세요.

1

보기

김도진은 한국의 대표적인 배우 중 한 명이다. **한국 사람치고** 김도진을 모르는 사람은 아마 없을 것이다. 김도진은 **배우치고** 늦은 나이인 30살에 데뷔를 했는데 지금까지 출연한 드라마로는 〈부잣집 큰아들〉, 〈하늘 궁전〉, 〈김밥집 영우영〉 등이 있다.

_____ 은/는 우리 나라의 대표적인 _____

_____

_____

_____

2

보기

내가 지금까지 본 영화 중에 가장 슬픈 영화는 〈반짝반짝 내 인생〉이다. 여자 주인공 '여주'는 운전을 하다가 교통사고를 **당하고 만다**. 그래서 병원에 입원을 하게 되는데 거기서 남자 주인공 '남준'을 만나 사랑에 빠진다. 하지만 마지막에 '남준'은 병을 고치지 못해 세상을 떠나고 '여주'도 '남준'을 따라 세상을 **떠나고 만다**. 마지막 장면을 보고 나는 1시간 동안 펑펑 **울고 말았다**.

내가 지금까지 본 영화/드라마 중에 _____

_____

_____

_____

어휘와 표현

● 빈칸에 알맞은 말을 쓰세요.

| 주연 | 악역 | 소재 | 장면 | 시청률 |

1. 첫 방송부터 높은 (   )을/를 기록한 이 드라마는 많은 사람들의 관심을 받고 있다.

2. 요리를 (   )(으)로 한 드라마를 보면 맛있는 음식들이 많이 나와서 배가 고파진다.

3. 오래 전에 본 영화지만 주인공이 바다에서 혼자 외롭게 죽는 (   )이/가 아직도 기억에 남는다.

4. 여러 드라마에서 주인공의 친구나 동생 역할 등의 조연만 맡았던 배우 손예빈이 이번 드라마에서는 처음으로 (   )을/를 맡아 범죄를 해결하는 경찰 역할을 연기하게 되었다.

5. 지금까지 착하고 불쌍한 역할을 주로 맡았던 이현진은 이번에 (   )을/를 맡아 기존과 다른 모습을 보여 줄 거라고 했다.

| 방영되다 | 괴롭히다 | 복수하다 | 느끼다 | 밝혀지다 |

지난주부터 6. _____ 있는 드라마 〈눈에는 눈, 이에는 이〉는 학창 시절에

자신을 때리고 7. _____ 친구들을 찾아가 똑같이 8. _____

드라마이다. 주인공이 계획한 대로 그 친구들을 한 명씩 만나서 예전에 당한 것을 그대로 돌려줄

때마다 시청자들은 희열을 9. _____. 다음 주에는 주인공의 또 다른 비밀이

10. _____ 것으로 예고를 해 많은 시청자들이 기대를 하고 있다.

듣기 1

Track 07

◎ 다음은 드라마의 일부 내용입니다. 잘 듣고 빈칸을 채우세요.

> 정우 모 아가씨, 우리 아들 정우랑 1.(   ) 이 정도 돈이면 충분할 거라고 생각해요.
>
> 도연 어머니, 무슨 말씀이세요? 저 정우 씨 사랑해요. 저희가 2.(   )인데요.
>
> 정우 모 도연 씨, 내가 3.(   ) 안 할게요. 이 돈 받아요.
>
> 도연 아… 아니 괜찮아요. 이 돈도 안 받고 4.(   ) 않을 거예요.
>
> 정우 모 우선 받고 나중에 생각해요. 자, 손에 이렇게 꼭 쥐고 생각해.
>
> 도연 제 손에 이렇게 쥐어 주실 필요 없어요.

듣기 2

Track 08

◎ 다음 대화 내용을 잘 듣고 질문에 답하세요.

1. 다음 중 마크가 말한 내용이 <u>아닌</u> 것은 무엇입니까? (   )

① 비슷한 장면을 다른 드라마에서 본 것 같다.
② 자극적인 소재가 나와야 시청률을 높일 수 있다.
③ OTT 드라마에도 출생의 비밀이 나오는 드라마가 많다.
④ 최근에 주인공이 복수를 하는 판타지 드라마를 본 적이 있다.

2. 한국에 '출생의 비밀'을 소재로 한 드라마가 많은 이유는 무엇입니까? (   )

① 비밀이 밝혀지는 것을 보면서 희열을 느끼기 때문에
② 한국 사람이 가족과 혈연을 중요하게 생각하기 때문에
③ 힘든 현실을 잊게 해 주는 판타지 같은 소재이기 때문에
④ 인간관계의 문제를 해결하면서 배우는 것이 있기 때문에

3. 들은 내용과 같으면 ○표, 다르면 X표 하세요.

(1) 세 사람은 같이 드라마를 보고 있었다.   (   )
(2) 일일 드라마에서 출생의 비밀이 나오는 경우가 줄고 있다.   (   )
(3) 최근에는 현실에서 일어날 만한 소재가 나오는 한국 드라마가 많다. (   )

4. 민아가 앞으로 할 수 있는 행동은 무엇입니까? (   )

① 한국의 인기 배우들에 대해 찾아본다.   ② 다른 나라의 인기 드라마들을 알아본다.
③ 가족을 소재로 한 드라마를 검색해 본다.   ④ 판타지 드라마에 어떤 것이 있는지 조사해 본다.

A-다던데 V-ㄴ/는다던데

1 보기와 같이 대화를 완성해 보세요.

> 보기
>
> 가 많은 유학생들이 한 번쯤은 우울증을 <u>겪는다던데</u> 첸 씨는 어때요?
>
> 나 저도 처음 한국에 왔을 때는 우울증에 걸려서 고생했는데 지금은 괜찮아졌어요.

(1) 가 _____?

　　나 네, 맞습니다. 커피 10잔을 드시면 1잔을 무료로 드려요.

(2) 가 요즘 말을 많이 해서 그런지 목이 아파요.

　　나 _____ 한번 드셔 보세요.

(3) 가 _____ 저는 하나도 맵지 않더라고요.

　　나 와, 저는 너무 매워서 먹을래야 먹을 수가 없던데 엠마 씨는 매운 음식을 잘 먹는군요.

(4) 가 _____ 정말 그럴까요?

　　나 글쎄요. 싸우면서 친해진다는 말이 있기는 하지만 꼭 그런 것 같지는 않아요.

(5) 가 같이 일하려는 사람이 자꾸 약속을 미루는데 이 사람과 같이 사업을 해도 될까요?

　　나 하나를 보면 _____ 약속을 미루는 사람이 사업을 잘할까 싶네요.

A/V-네 A/V-네 해도

2 보기와 같이 대화를 완성해 보세요.

> 보기
> 가 그 드라마가 지루하다던데 생각보다 사람들이 많이 보네요.
>
> 나 드라마가 <u>지루하네 어쩌네 해도</u> 보는 사람들은 보더라고요.

(1) 가 맛이 예전만 못하다던데 식당에 사람이 많네요.

　 나 _____.

(2) 가 부모님께서 안마 의자는 필요 없다고 하셨다면서요. 그런데 왜 사요?

　 나 _____ 사 놓으면 잘 쓰실 것 같아서요.

(3) 가 식기세척기가 있는데 왜 직접 설거지를 해요?

　 나 _____ 저는 손으로 직접 설거지를 하는 게 좋더라고요.

(4) 가 경제가 안 좋다고 들었는데 공항에 해외여행 가려고 기다리는 사람이 많네요.

　 나 _____.

(5) 가 전동 킥보드 사고가 많이 나는데도 타는 사람들이 참 많은 것 같아요.

　 나 네, 맞아요. 사람들이 _____.

● [보기]를 참고해서 여러분의 경험을 써 보세요.

1

나는 요즘 뮤지컬 공연에 푹 빠졌다. 친구의 추천으로 대학로에서 뮤지컬 공연을 보게 되었는데 공연에 나오는 노래도 좋고 배우의 연기도 훌륭해서 벌써 2번이나 봤다. 다음 달까지만 공연을 **한다던데** 벌써부터 아쉽다. 한 공연을 여러 번 보는 관객을 '회전문 관객'이라고 **부른다던데** 나도 회전문 관객이 될 듯하다.

나는 _____에 푹 빠졌다. _____

_____

_____

_____

2

'아이뷰'는 요즘 논란이 많은 가수 중의 하나이다. 가창력이나 춤 실력이 아니라 외모로 인기를 얻고 있는 가수이기 때문이다. 하지만 노래를 **못 부르네** 춤을 **잘 못 추네 해도** 나는 '아이뷰'를 좋아한다. '아이뷰'는 성실하니까 나중에는 실력으로도 사랑받는 가수가 될 것이라고 믿는다. 나는 앞으로도 계속 응원할 것이다.

_____

_____

_____

_____

어휘와 표현

● 빈칸에 알맞은 말을 쓰세요.

무대	조명	의상	관객	환호성

가수들은 화장을 하고 공연 1. ( )(으)로 갈아입은 후 2. ( )에 올랐다.

공연이 시작되자 밝은 빛의 3. ( )이/가 가수들을 비추었고 자리에 앉아 있던

4. ( )들은 5. ( )을/를 지르기 시작했다.

선보이다	신비롭다	열광하다	인상적이다	열정적이다

6. 그는 평소에는 내성적이고 소극적이지만 자신이 좋아하는 운동을 할 때에는 땀을 흘리며
   _____ 모습을 보여 준다.

7. 와우 전자는 지난주에 기존과 다른 새로운 스타일의 노트북을 시장에 _____.

8. 세계적인 스포츠 스타가 경기장에 들어오자 많은 스포츠 팬들은 _____ 시작했다.

9. 세상의 소리가 아닌 듯한 _____ 분위기의 음악을 들으면서 나는 다른 세상에
   와 있는 것 같은 느낌을 받았다.

10. 한 외국 가수가 한국 팬들이 공연장 안에서 종이 비행기를 날리는 모습이 _____
    계속 기억이 난다고 인터뷰했다.

읽기 1

1 다음은 공연 안내의 일부 내용입니다. 잘 읽고 <u>틀린</u> 것을 고르세요. (　　　　)

★ 우천 시에도 공연은 진행됩니다.

★ 예매한 티켓의 취소 및 환불은 규정에 따라 취소 수수료가 발생합니다.

★ 공연 당일 취소 및 환불은 불가합니다.

★ 공연장에서 티켓 교환 시 예매자 신분증을 지참해 주시기 바랍니다.

① 비가 오면 공연을 계속하지 않는다.

② 티켓을 환불받으려면 수수료를 내야 한다.

③ 공연을 하는 날에는 티켓 환불을 받을 수 없다.

④ 공연장에서 티켓을 교환할 때 신분증이 필요하다.

읽기 2

1 글쓴이는 응원봉을 왜 샀습니까? (   )

> 공연장 입구에 도착하자 기념품 판매 부스가 눈에 띄었는데 사인이 담긴 기념품, 응원봉 등을 구매하려고 많은 팬들이 줄을 서 있었다. 같이 간 친구가 거기에서 응원봉을 사길래 나도 따라서 하나 샀다. 친구는 집에 다른 응원봉이 있긴 하지만 콘서트 때마다 응원봉 디자인이 조금씩 달라지기 때문에 하나씩 모으는 재미가 있어서 응원봉을 매번 산다고 했다.

① 기념품을 사려는 줄이 길어서 대신 응원봉을 샀다.

② 같이 간 친구가 구매하는 것을 보고 따라서 같이 샀다.

③ 집에 있는 응원봉과 디자인이 달라서 새로 하나 샀다.

④ 앞으로 콘서트 응원봉을 모으려는 생각이 있어서 샀다.

2 ㉠에서 글쓴이가 느낀 감정으로 가장 알맞은 것을 고르세요. (   )

> 멤버들은 콘서트 중간중간 관객들과 이야기를 나누었는데 ㉠ 오랜 동네 친구와 이야기를 하는 것처럼 느껴져서 좋았다. 모든 공연이 끝나고 멤버들이 관객석을 향해 고개를 숙이며 감사의 인사를 전하고 무대 뒤로 사라졌다. 하지만 팬들은 아쉬운 마음에 앵콜을 외쳤다. 목이 터지도록 앵콜을 외치자 멤버들이 다시 나왔고 우리들은 환호성을 질렀다. 멤버들은 노래를 한 곡 더 부르고 마지막 인사를 했다.

① 희열   ② 친밀감   ③ 아쉬움   ④ 신비로움

10-3 한 단계 오르기

실전 쓰기: 감상문

● 지금까지 봤던 영화, 드라마 중에 한 편을 골라 감상문을 써 보세요.

제목: _____

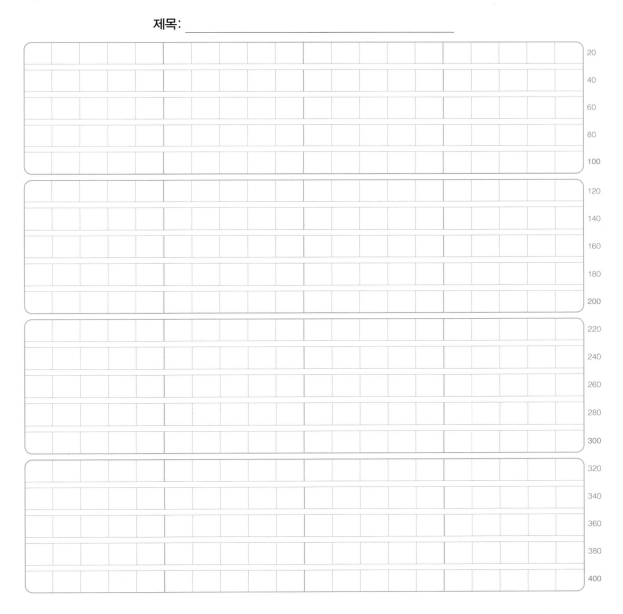

music

CHAPTER

11

동물

A/V-아/어서 그러는데

1 보기와 같이 대화를 완성해 보세요.

> 보기
>
> 가 어제 <u>결석해서 그러는데</u> 숙제가 뭐였는지 가르쳐 줄 수 있어요?
>
> 나 어제는 저도 몸이 아파서 학교에 못 왔어요.

(1) 가 _____ 오는 길에 마트에 들러서 사다 줄 수 있어요?

　　나 고양이가 배고프겠네요. 바로 사서 들어갈게요.

(2) 가 깜빡 _____ 빌려줄 수 있어요?

　　나 오늘은 저도 필통을 안 가져와서 펜이 이거 하나밖에 없네요.

(3) 가 음료수 뚜껑이 _____ ?

　　나 이리 줘 보세요. 제가 한번 열어 볼게요.

(4) 가 죄송하지만 _____ ?

　　나 시간이 벌써 이렇게 됐군요. 먼저 일어나세요.

(5) 가 엄마, 너무 _____ ?

　　나 아무리 배가 고파도 할머니께서 오시면 같이 먹어야지. 조금만 참아.

V-느니 (차라리)

2 와 같이 대화를 완성해 보세요.

> **보기**
> 가 집이 멀어서 출퇴근하기 힘들죠?
>
> 나 네, 이렇게 힘들게 <u>출퇴근하느니</u> 집값이 비싸더라도 회사 근처로 이사하는 게 나을 것 같아요.

(1) 가 오늘 학생 식당 메뉴가 카레라고 하던데 먹으러 갈까?

　　나 일주일 동안 계속 카레만 먹었어. 오늘도 _____.

(2) 가 새벽에 출발하는 비행기를 탈까? 그러면 여행 비용을 많이 줄일 수 있을 것 같아.

　　나 새벽에 공항까지 어떻게 가려고. _____.

(3) 가 제가 발표 자료를 준비할게요. 카린 씨가 앞에 나가서 발표를 하는 게 어때요?

　　나 제가요? 아니요, _____.

(4) 가 전공이 적성에 너무 안 맞아서 수업을 들으러 학교에 가는 게 괴로워요.

　　나 적성에 _____?

(5) 가 줄이 길긴 하지만 유명한 맛집이니까 우리도 기다려서 먹어 볼까요?

　　나 글쎄요, 시간도 없는데 _____?

● 보기 를 참고해서 여러분의 경험을 써 보세요.

1

보기

강아지를 데리고 산책을 나가면 생각하지 못한 일들이 생겨서 놀랄 때가 있다. 특히 강아지가 귀엽다며 갑자기 와서 만지거나 간식을 주는 사람들을 만나면 스트레스를 받는다. 우리 집 강아지는 예민한 편이어서 너무 놀라면 사람을 물기도 하기 때문이다. 주인에게 먼저 "강아지가 **귀여워서 그러는데** 만져 봐도 되나요?"라고 물어봐 줬으면 싶다.

_____

_____

_____

_____ 라고 물어봐 줬으면 싶다.

2

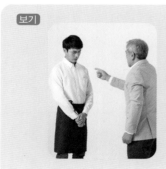

보기

나는 다른 사람의 부탁을 잘 거절하지 못하는 편이다. 사실 나도 하기 싫거나 힘든 일을 **하느니** 부탁을 거절하는 게 낫다고 생각한다. 하지만 생각한 대로 잘 되지 않는다. 얼마 전에도 친구가 부탁해서 같이 병원에 갔다가 결국 아르바이트에 늦었다. 아르바이트 때문에 시간이 없다고 이야기했다면 친구도 이해해 줬을 텐데 나도 이런 내가 참 답답하다.

나는 _____ 잘 못하는 편이다. _____

_____

_____

어휘와 표현

● 빈칸에 알맞은 말을 쓰세요.

주인	반려동물	사료	목줄	배변 봉투

1. 요즘에는 사람들과 가족처럼 함께 사는 동물을 '애완동물' 대신 (   )(이)라고 부른다.

2. 밖에서 사는 길고양이가 배가 고플까 봐 며칠 전부터 (   )을/를 주고 있다.

3. 강아지를 무서워하는 사람도 많기 때문에 강아지를 데리고 나갈 때는 반드시 (   )을/를 매야 한다.

4. 강아지에게는 화장실이 따로 없다. 그러므로 강아지와 산책할 때는 미리 (   )을/를 챙겨서 거리가 더러워지는 일이 없도록 해야 한다.

5. 고양이는 독립적인 성격이어서 사람에게 정을 잘 주지 않는다고 하지만 연구 결과에 따르면 고양이도 함께 살며 자신을 보호해 주는 (   )에게 깊은 애정을 느낀다고 한다.

물다	할퀴다	사납다	순하다	영리하다

우리 집 강아지는 성격이 6. _____ 키우기 쉬운 편이다. 게다가 어찌나

7. _____ 배변 훈련도 하루 만에 끝났다. 그런데 유학 생활을 마치고 귀국하는

친구가 내게 키우던 고양이를 부탁하고 가는 바람에 강아지와 고양이를 같이 키우게 됐다. 고양이는

환경이 바뀐 탓에 예민해져서 발톱으로 내 손등을 8. _____ 상처를 냈고 놀자고

따라다니는 강아지의 코를 세게 9. _____. 강아지와 고양이는 사이가 안 좋다던데

계속 싸우다가 둘 다 성격이 10. _____ 것 같아서 걱정이다.

듣기 1

Track 09

◉ 다음은 엠마와 카린이 강아지 주인과 나눈 대화입니다. 잘 듣고 빈칸을 채우세요.

엠마   안녕하세요? 강아지가 너무 **1.** (   ) 혹시 한번 만져 봐도 될까요?

주인   아, 보기랑 다르게 **2.** (   ) 모르는 사람이 만지면 **3.** (   ).

카린   그렇군요. 보기에는 정말 **4.** (   ) 아쉽네요. 그런데 강아지 목줄에 달려
        있는 작은 가방은 뭐예요?

주인   **5.** (   )이/가 들어 있는 가방이에요. 목줄에 같이 달려 있으니까 산책할 때
        잊지 않고 챙길 수 있어서 좋더라고요.

듣기 2

Track 10

◉ 다음 발표 내용을 잘 듣고 질문에 답하세요.

1. 남자가 말한 반려동물을 키우기 힘든 이유와 관계가 <u>먼</u> 것은 무엇입니까? (   )

① 반려동물이 배고프지 않도록 신경을 써야 한다.
② 반려동물이 아프면 병원을 찾아가 치료해 줘야 한다.
③ 귀찮아도 반려동물의 털 때문에 집 청소를 자주 해야 한다.
④ 여행 갈 때 반려동물을 데리고 가거나 맡길 곳을 찾기 어렵다.

2. 여자가 말한 고양이를 키워서 좋은 점이 <u>아닌</u> 것은 무엇입니까? (   )

① 예전보다 생활에 활력이 생겼다.
② 고양이가 영리해서 돌봐 줄 필요가 없다.
③ 힘들 때 고양이에게 위로를 받을 수 있다.
④ 혼자 살면서 느끼는 외로움이 줄어들었다.

3. 들은 내용과 같으면 ◯표, 다르면 X표 하세요.

(1) 여자의 고양이가 남자를 할퀴었다.   (   )
(2) 여자는 고양이 키우는 것을 가끔 후회할 때가 있다.   (   )
(3) 남자는 어렸을 때 부모님의 반대로 강아지를 키울 수 없었다.   (   )

11-2 사람들의 인식이 바뀌지 않는 한 유기 동물 문제는 해결되지 않을 거예요

V-는 한

1 와 같이 대화를 완성해 보세요.

> 보기
>
> 가 그 동물원에 있는 동물들이 자주 아프다던데 정말이에요?
>
> 나 네, 동물원의 환경이 <u>개선되지 않는 한</u> 아픈 동물들은 줄지 않을 거예요.

(1) 가 결혼하면 힘든 일도 많이 생길 텐데 우리가 잘 이겨낼 수 있을까?

　　나 그럼, 나는 네가ㅤ_____.

(2) 가 내일 오전 9시에 기차를 타야 하는데 문제없겠지요?

　　나 그럼요, 아침에ㅤ_____.

(3) 가 좋아하는 일을 하면서 살고 싶은데 그걸로 돈을 벌 수 있을지 모르겠어요.

　　나 너무 불안해하지 마세요.ㅤ_____.

(4) 가 마트에서 1+1 행사하는 것을 보면 계획에 없던 물건도 자꾸 사게 돼요.

　　나 충동구매를ㅤ_____.

(5) 가 명절이나 여름 휴가철에 유기 동물의 수가 증가한대요.

　　나 _____ 유기 동물 문제는 해결되지 않을 거예요.

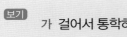

V-(으)ㄹ 겸 (하다)

2 보기와 같이 대화를 완성해 보세요.

> 보기
>
> 가 걸어서 통학하는 게 힘들지 않아요?
>
> 나 전혀요. 버스비도 아낄 겸 운동도 할 겸 해서 학교까지 걸어 다니는데 좋더라고요.

(1) 가 카린 씨, 물을 무서워한다면서 왜 수영을 배워요?

　　나 물에 대한 두려움도 _____.

(2) 가 주말에 친구 만나러 나갈 거예요?

　　나 네, 오랜만에 _____.

(3) 가 손으로 쓰면서 단어를 외우면 시간이 더 많이 걸리지 않아요?

　　나 그렇기는 하지만 _____.

(4) 가 마크 씨는 매주 한 편씩 한국 영화를 보는 것 같네요.

　　나 네, 영화를 보면서 _____.

(5) 가 유기 동물 보호 센터의 자원봉사 모임에 참가하고 있어요?

　　나 네, 봉사 활동도 _____.

● 보기를 참고해서 여러분의 경험을 써 보세요.

1

잃어버린 반려동물을 찾아 달라는 전단지를 보면 너무 마음이 아프다. 나도 키우던 고양이를 잃어버렸다가 찾은 적이 있는데 아직도 그때를 생각하면 가슴이 두근거린다. 반려동물을 잃어버려서 괴로워하고 있는 사람들에게 희망을 **버리지 않는 한** 찾게 될 거라고 응원의 말을 해 주고 싶다.

_____

_____

_____

_____ 응원의 말을 해 주고 싶다.

2

강아지를 **산책시킬 겸** 동물 병원에 데려가 미용도 **맡길 겸 해서** 외출을 했다. 처음에는 신이 나서 공원을 뛰어다니던 강아지가 동물 병원 앞에 도착하니 들어가지 않으려고 했다. 너무 싫어해서 미안한 마음도 들었지만 미용을 안 할 수는 없어서 결국 강아지를 안고 병원 안으로 들어갔다.

_____ 에 갔다. _____

_____

_____

_____

어휘와 표현

● 빈칸에 알맞은 말을 쓰세요.

복지	교감	사회성	실종	제보

1. 여러분께서 보내 주신 소중한 (   )(으)로 더욱 가치 있는 뉴스를 만들겠습니다.

2. 아이들이 동물들과 (   )을/를 나누며 마음껏 뛰어놀 수 있는 공간을 만들고자 합니다.

3. 태풍의 영향으로 배에 타고 있던 사람들 중 몇 명이 바다에 빠져 (   )되는 사고가
   발생했다.

4. 동물들이 좋은 환경에서 행복하게 살 수 있도록 동물 (   )과/와 관련된 법들이
   개선되고 있다.

5. 개들은 (   )이/가 높은 동물이어서 혼자 있는 것보다 다른 개들과 함께 생활하는 것을
   좋아한다고 한다.

학대하다	처벌하다	외면하다	유기하다	입양하다

　가끔 뉴스에서 동물을 심하게 때리면서 6.＿＿＿＿＿＿＿＿＿ 사람이나 생각보다 돈이 많이

든다는 이유로 키우던 반려동물을 7.＿＿＿＿＿＿＿＿＿ 사람들의 소식을 접할 때면 너무 화가

난다. 동물들도 소중한 생명인데 어떻게 그렇게 함부로 대할 수 있는지 정말 이해되지 않는다.

이런 사람들을 더욱 강하게 8.＿＿＿＿＿＿＿＿＿ 다시는 뉴스에서 그런 소식을 안 들었으면

한다. 그래도 다행히 안타까운 상황에 놓인 동물들을 9.＿＿＿＿＿＿＿＿＿ 않고 돌봐 주거나

그런 동물들을 10.＿＿＿＿＿＿＿＿＿ 새로운 가족이 되어 주는 사람들도 있어서 아직은 희망이

있다고 느낀다.

읽기 1

1 다음은 '동물의 5대 자유'에 대한 내용입니다. 잘 읽고 빈칸에 알맞은 단어를 골라 쓰세요.

| 복지 | 질병 | 학대 | 불편함 |

　　'동물의 5대 자유'는 반려동물을 비롯해 농장 동물, 동물원에 있는 동물 등이 편안하고 행복하게 살 수 있도록 동물의 (1) (　　　　　　　)을/를 위해 만들어졌다. 모든 동물은 배고픔이나 목마름에서 자유로워야 하며 편안한 곳에서 쉬거나 생활하는 등 (2) (　　　　　　　)을/를 느끼지 않을 자유도 가져야 한다. 또한 아플 때 바로 치료받을 수 있는 (3) (　　　　　)(으)로부터의 자유도 있어야 한다. 이외에도 동물의 자유는 마음껏 날고 헤엄치고 달리며 자신의 행동을 표현하는 것과 누군가의 (4) (　　　　　　)(으)로 두려움이나 괴로움을 느끼며 살지 않아야 하는 것을 모두 포함한다.

읽기 2

1 다음은 무엇에 대한 글인지 고르세요. (　　　)

> • 모든 동물은 자유로운 활동이 가능한 공간에서 지내야 한다.
> • 동물들이 배고픔이나 질병의 고통에서 벗어날 수 있어야 한다.
> • 반려견을 입양한 경우 지정된 동물 병원에 가서 동물 등록을 해야 한다.

① 동물 복지　　　　② 반려동물　　　　③ 유기 동물　　　　④ 학대 신고

2 다음 글의 내용과 일치하지 <u>않는</u> 것을 고르세요. (　　　)

청계산에 가시는 분들 도와주세요!!

작성자: 댕댕이 지킴이

　주말에 청계산을 올라가다가 쉼터에서 유기견을 만났습니다. 몸집이 작은 하얀 몰티즈로 털이 많이 지저분해진 걸 보니까 밖에서 지낸 지 오래된 듯했습니다. 사진을 찍으려고 가까이 갔더니 바로 도망가 버려서 사진은 못 찍었습니다. 물과 먹을 것을 조금 주고 왔는데 날씨가 점점 추워져서 걱정입니다.

　도대체 왜 자신이 키우던 반려동물을 유기한 걸까요? 정말 화가 나고 가슴이 답답합니다. 여러 동물 보호 단체의 의견을 반영하여 신속하게 관련 법을 강화했으면 합니다. 배가 고픈데도 무서워서 사람 곁으로 못 오던 강아지의 모습에 마음이 너무 아팠습니다. 청계산에서 그 유기견을 또 만날지도 모르니 앞으로는 산에 갈 때 물과 사료를 챙겨 가야겠습니다. 다른 분들도 함께해 주세요.

① 글쓴이는 청계산 입구에서 유기견을 만났다.

② 유기견은 밖에서 생활한 지 오래되어 보였다.

③ 글쓴이는 유기견을 위한 물과 먹을 것을 놓고 왔다.

④ 글쓴이는 동물을 보호해 주는 법이 강화되기를 바란다.

11-3 한 단계 오르기

◉ '동물'을 주제로 한 글을 자유롭게 써 보세요.

제목: _____

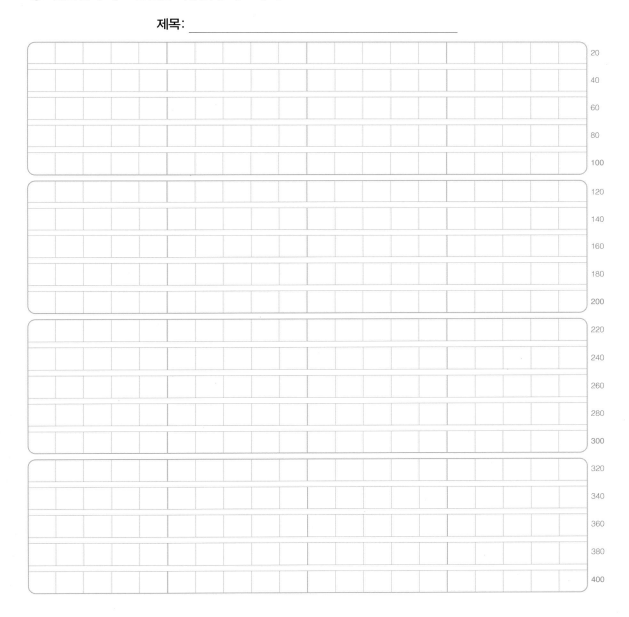

music

CHAPTER

12

한국 문화

12-1 착하게 살면 복을 받기 마련이다

A/V-아/어서는

1 와 같이 대화를 완성해 보세요.

> 보기
>
> 가 의사 선생님, 제가 약을 열심히 먹고 있는데 왜 계속 눈이 아플까요?
>
> 나 약만 <u>먹어서는</u> 눈 상태가 나아지기 어렵습니다. 스마트폰을 보는 시간도 줄여야 합니다.

(1) 가 요리하는 영상을 많이 찾아보는데 왜 요리 실력이 안 늘까요?

　　나 _____. 실제로 요리를 많이 해 봐야죠.

(2) 가 사춘기 자녀와 대화하기가 어렵다는 부모님들이 많은데 좋은 방법이 없을까요?

　　나 _____. 부모가 하고 싶은 얘기만 하지 말고
　　자녀의 얘기를 주의 깊게 듣고 공감해 주는 것이 중요합니다.

(3) 가 선배님, 이번 학기에 '마케팅의 이해' 수업을 듣는데 어떻게 하면 학점을 잘 받아요?

　　나 _____. 기말 발표가 중요하니까
　　시험만 준비하지 말고 발표 준비도 잘 해야 돼.

(4) 가 선생님, 늦어서 죄송합니다. 알람 소리를 못 들어서 아침에 늦게 일어났어요.

　　나 알겠어요. 그런데 내일은 체험 수업을 가는 날이니까 절대 _____.

(5) 가 내일 민수 씨 부모님을 뵙기로 했잖아. 너무 긴장되는데 혹시 조심해야 할 게 있어?

　　나 _____. 우리 부모님은 식사 예절을 중요하게
　　생각하시거든.

A/V-기 마련이다

2 보기와 같이 대화를 완성해 보세요.

> 보기
>
> 가 회사에 다닌 지 한 달이 넘었는데 아직도 실수를 많이 해요.
>
> 나 처음에는 누구나 <u>실수하기 마련이에요</u>. 계속 다니다 보면 점점 나아질 거예요.

(1) 가 지난주부터 테니스를 배우고 있는데 실력이 잘 늘지 않아요.

　　나 뭐든지 ＿＿＿＿＿＿＿＿＿＿＿＿＿＿＿＿. 그만두지 않고 꾸준히 하는 게 중요해요.

(2) 가 오늘 날씨가 왜 이렇게 더운 거야. 일도 잘 안 되는데 날씨 때문에 더 짜증 나네.

　　나 ＿＿＿＿＿＿＿＿＿＿＿＿＿＿＿＿. 날씨를 원망해도 소용없으니까 짜증 좀 그만 내.

(3) 가 저는 한국어로 말할 때 틀릴까 봐 걱정이 돼서 목소리가 작아져요.

　　나 ＿＿＿＿＿＿＿＿＿＿＿＿＿＿＿＿. 틀려도 자신감을 가지고 크게 말하세요.

(4) 가 처음에 한국에 왔을 때는 제가 외국에서 혼자 생활할 수 있을까 걱정을 많이 했는데 지금은 모든 게 너무 편해요.

　　나 잘 적응해서 다행이네요. ＿＿＿＿＿＿＿＿＿＿＿＿＿＿＿＿.

(5) 가 아까 부모님하고 영상 통화 한 거야? 웬일로 부모님한테 영상 통화를 했어?

　　나 내가 지난주에 감기 때문에 많이 아팠잖아. 아프니까 갑자기 부모님 생각이 나더라고.

　　가 그렇지. ＿＿＿＿＿＿＿＿＿＿＿＿＿＿＿＿.

12단원

● 【보기】를 참고해서 여러분의 경험을 써 보세요.

1

많은 사람들이 1월 1일 새해가 되면 새로운 계획과 목표를 세운다. 나는 작년에 아무런 계획 없이 한 해를 시작해서 결국 아무것도 이룬 게 없이 1년이 지나가 버렸다. 올해는 작년처럼 아무런 계획이 **없어서는** 안 되겠다는 생각이 들었다. 그래서 올해 1월 1일에는 나도 다른 사람들처럼 계획과 목표를 세우고 이번 한 해 동안 그것을 이룰 수 있도록 열심히 노력해야겠다.

많은 사람들이 1월 1일 새해가 되면 새로운 계획과 목표를 세운다. 나는 작년에 _____

_____

_____ 안 되겠다는 생각이 들었다. 그래서 _____

_____

2

나는 가끔 내 주변 사람들이 이해가 가지 않는다. 왜냐하면 사람들이 내가 보기에는 너무 당연한 일에 대해 이런저런 불만들을 이야기하기 때문이다. 하루는 룸메이트가 눈이 와서 학교에 안 갈 거라고 했다. 당연히 겨울에는 눈이 **오기 마련인데** 겨울에 눈이 온다고 학교를 안 가겠다고 하다니 참 이해가 가지 않는다.

나는 가끔 내 주변 사람들이 이해가 가지 않는다. _____

_____

_____

_____

어휘와 표현

● 빈칸에 알맞은 말을 쓰세요.

박	넝쿨	제비	주걱	초가집	금은보화

1. 밥솥에서 밥을 푸려고 하는데 (   )이/가 없어져서 한참 동안 찾았다.

2. 아무리 많은 (   )을/를 준다고 해도 사람이 해서는 안 될 일이 있다.

3. 어느 날 새가 우는 소리가 들려서 나가 봤더니 (   )이/가 옥탑방 지붕 아래에 집을 지었다.

4. 5월이 되자 집 근처 공원에 있는 장미 (   )에 꽃이 피어서 사진을 찍으면 예쁘게 나온다.

5. 과거에 기와집은 주로 양반이나 돈이 많은 사람들이 사는 집이었고 (   )에는 서민들이 주로 살았다.

6. 예전에는 (   )을/를 따서 그 속을 파내고 껍질은 단단하게 말려서 물건을 담는 그릇으로 사용했는데 그것을 '바가지'라고 부른다.

내쫓다	원망하다	독차지하다	배가 아프다	빈손으로 돌아오다

　　내가 어렸을 때 동생은 나보다 잘하는 게 많아서 부모님의 사랑을 7. _____.
동생이 부모님에게 칭찬을 받을 때마다 부러워서 8. _____. 한편으로는 나의
장점을 인정해 주지 않는 부모님을 9. _____ 마음이 들었다. 그래서 나도
동생보다 잘할 수 있다는 것을 보여 주기 위해 미술 대회에 나갔지만 아무 상도 받지 못하고
10. _____. 그런데 그날 동생은 글짓기 대회에서 상을 받았다며 내 방에 들어
와서 자랑을 했다. 나는 너무 화가 난 나머지 동생을 방에서 11. _____ 방에서
엉엉 울었다.

듣기 1

Track 11

◉ 다음을 잘 듣고 빈칸을 채우세요.

> 가족의 달 5월을 맞아 사랑받는 우리의 1. (　　　　　　　) 흥부전이 뮤지컬로
>
> 다시 태어났습니다. 아이부터 어른까지 온 가족이 즐길 수 있는 신나는 공연,
>
> 우리의 옛이야기를 통해 배우는 선조들의 2. (　　　　　　),
>
> 웃음과 감동이 함께 하는 3. (　　　　　) 뮤지컬,
>
> 4. (　　　　　) 음악과 함께 즐기는 **마당놀이 뮤지컬 흥부전**.
>
> 홍익 아트센터에서 5월 1일부터 한 달간 계속되는 이번 공연에 많은 관심과 사랑 부탁드립니다.

듣기 2

Track 12

◉ 다음 이야기를 잘 듣고 질문에 답하세요.

1. 흥부의 박에서 나온 것이 <u>아닌</u> 것은 무엇입니까? (　　　　)

① 쌀과 음식　　　　　　② 금은보화
③ 하인들　　　　　　　④ 커다란 집

2. 들은 내용과 같으면 ○표, 다르면 X표 하세요.

(1) 흥부는 제비의 도움을 받아서 부자가 되었다. 　　　　　　　　　(　　　　)

(2) 놀부는 병에 걸려서 잠도 못 잘 정도로 배가 아팠다. 　　　　　　(　　　　)

(3) 흥부는 자기 집 마당에 떨어진 제비의 다리를 일부러 부러뜨렸다. 　(　　　　)

(4) 제비는 겨울에 남쪽으로 날아갔다가 봄에 박씨를 물고 다시 돌아왔다. (　　　　)

3. 이 이야기에 나오는 인물들의 성격을 잘못 이해한 사람은 누구입니까? (　　　　)

① 엠마: 제비는 말 못하는 동물이지만 은혜를 입으면 갚을 줄 아는구나.

② 카린: 제비의 다리를 치료해 준 걸 보니 놀부에게도 착한 면이 있네.

③ 빈: 흥부를 밥주걱으로 때려서 쫓아낸 놀부 부인도 남편과 성격이 비슷한 것 같아.

④ 첸: 자신을 쫓아낸 형을 원망하지 않는 걸 보면 흥부는 바보 같아 보일 정도로 착하군.

12-2 윷놀이를 해 보기는커녕 이름도 들어 본 적이 없어요

N은/는커녕   A/V-기는커녕

1 와 같이 대화를 완성해 보세요.

> 보기
>
> 가 새로 연 식당은 잘 되고 있어요? 손님은 많고요?
>
> 나 손님이 많기는요. 불황이라서 그런지 <u>손님은커녕</u> 개미 한 마리 없어요.

(1) 가 오늘까지 꼭 월세를 내야 해서 그러는데 오십만 원만 빌려줄 수 있어?

　　나 미안, 나도 돈이 다 떨어져서 지금 _____.

(2) 가 이게 얼마만이야! 대학은 졸업했지? 취직했어?

　　나 아니, 아직 졸업 시험을 통과 못 해서 _____.

(3) 가 요즘도 많이 바쁘시죠?

　　나 바쁘기는요. 얼마 전에 회사를 그만둬서 _____.

(4) 가 아이들이 다 컸으니 집안일도 잘 도와주죠?

　　나 그러면 얼마나 좋겠어요. _____.

(5) 가 이번 학기에도 장학금을 받을 것 같아요?

　　나 이번 학기는 공부를 너무 안 해서 _____.

A-(으)ㄴ 반면에   V-는 반면에

2 [보기]와 같이 대화를 완성해 보세요.

> [보기]
> 가 서울에는 정말 사람이 많이 사는 것 같아요.
>
> 나 네, 그런데 수도권 지역으로는 사람들이 <u>몰리는 반면에</u> 지방은 인구가 줄고 있대요.

(1) 가 누나가 있다면서요? 누나도 빈 씨랑 성격이 비슷해요?

    나 아니요, 저는 좀 활동적이라서 _____.

(2) 가 둘째 아이가 더 키우기 쉽다던데 올가 씨도 그랬어요?

    나 저희 첫째는 너무 울어서 _____.

(3) 가 엠마 씨는 버스를 자주 타네요. 저는 버스 노선이 복잡해서 타기가 어렵던데 버스는 뭐가 좋아요?

    나 _____ 가고 싶은 곳에 최대한 가깝게 내릴 수 있어서 좋아요.

(4) 가 학교 앞에 새로 생긴 옷 가게 가 봤어요? 어땠어요?

    나 _____.

(5) 가 한국 음식과 여러분 나라 음식은 어떤 점이 다른가요?

    나 아무래도 _____.

● 보기를 참고해서 여러분의 경험을 써 보세요.

1

나는 가끔 사람들이 예상 밖의 행동을 해서 당황할 때가 있다. 얼마 전에 친구와 저녁을 먹기로 해서 친구의 회사 앞으로 찾아갔는데 친구가 약속 시간보다 30분이나 늦게 나왔다. 친구에게 왜 이렇게 늦게 나왔냐고 한마디 하자 친구는 사과를 **하기는커녕** 일이 많아서 늦었는데 그 정도도 이해 못 해 주냐고 하면서 오히려 내게 화를 냈다.

나는 가끔 사람들이 예상 밖의 행동을 해서 당황할 때가 있다. _____

_____

_____

_____

2

한국에서 1년 정도 생활하다 보니 한국과 우리 나라는 여러 면에서 차이가 있다는 것을 느끼게 됐다. 내가 생각하기에 한국 사람들은 일처리가 **빠른 반면에** 우리 나라 사람들은 무슨 일이든지 여유를 가지고 느긋하게 하는 편이다. 그리고 생활 습관도 다르다. 한국 사람들은 늦게까지 **활동하는 반면에** 우리 나라 사람들은 밤에 일찍 잔다.

한국에서 1년 정도 생활하다 보니 한국과 우리 나라는 여러 면에서 차이가 있다는 것을 느끼게 됐다.

_____

_____

_____

어휘와 표현

● 빈칸에 알맞은 말을 쓰세요.

말	판	칸	편

뱀사다리 게임은 가장 오래된 보드게임 중의 하나로 주사위를 굴려서 나온 숫자만큼 자기 팀의 1. (   )을/를 이동시켜 마지막 100번째 2. (   )에 먼저 도착하는 팀이 승리하는 게임이다. 인원 수에 따라 최소 두 팀부터 최대 네 팀까지 3. (   )을/를 나누어 게임을 진행하는데 게임 4. (   ) 여기저기에 사다리와 뱀이 그려져 있는 것이 특징이다. 이동하다가 사다리가 그려진 곳에 도착하면 사다리 위로 건너갈 수 있고 뱀이 그려진 곳에 걸리면 다시 뒤로 돌아가야 한다는 특별한 규칙이 있어서 뱀사다리 게임이라고 불린다.

요령이 있다	승부가 펼쳐지다	역전을 거듭하다
생활 모습을 엿보다	손에 땀을 쥐게 하다	

5. 그 액션 영화는 경찰과 도둑의 쫓고 쫓기는 장면이 _____.

6. 게임을 잘하는 사람을 보면 그냥 운이 좋은 것이 아니라 자신만의 _____ 경우가 많다.

7. 오늘 저녁 8시 서울 월드컵 경기장에서 월드컵 본선 진출을 위한 한국 축구 대표팀과 호주 축구 대표팀의 치열한 _____.

8. 민속촌에 가면 지역에 따라 다르게 생긴 여러 형태의 한옥을 만나 볼 수 있는데 이를 통해 우리는 각 지역의 예전 _____.

9. 설날을 맞아 학교에서 윷놀이 대회가 열렸는데 우리 반은 A반을 결승전에서 만나 이기고 지고를 반복하는 _____ 끝에 최종 우승하였다.

읽기 1

1 다음 윷놀이의 규칙을 읽고 알 수 <u>없는</u> 것을 고르세요. (   )

> 1. 두 팀으로 나누고 순서를 정한다.
>
> 2. 팀별로 돌아가면서 윷을 던져 판에서 말을 이동시킨다.
>
> 3. 출발한 네 개의 말이 모두 시작점으로 먼저 돌아오는 팀이 승리한다.
>
> 4. '윷'이나 '모'가 나오면 한 번 더 던질 수 있는 기회가 주어진다.
>
> 5. 우리 편 말이 가야 하는 곳에 상대방의 말이 있으면 상대방의 말을 잡고 한 번 더 윷을 던질 수 있다. 상대편에게 잡힌 말은 다시 시작점에서 출발해야 한다.

① 윷놀이는 네 개의 말을 사용한다.

② 윷놀이에서는 상대 팀의 말을 잡을 수 있다.

③ '윷'이나 '모'가 나오면 한 번 더 던질 수 있다.

④ 우리 말이 가야 하는 곳에 상대편 말이 있으면 윷을 다시 던져야 한다.

읽기 2

1 이 글의 내용과 일치하는 것을 고르세요. (   )

> 윷은 앞면이 평평한 반면에 뒷면은 볼록한데 4개의 윷을 던져서 나오는 평평한 면의 개수에 따라 윷판에서 말이 이동할 수 있는 칸 수가 정해진다. 평평한 앞면이 하나만 나오는 '도'는 한 칸, 두 개가 나오는 '개'는 두 칸, 세 개가 나오는 '걸'은 세 칸, 네 개가 모두 앞면인 '윷'은 네 칸을 이동할 수 있다. 그리고 모두가 뒷면이 나오는 '모'는 다섯 칸을 이동한다. 이 명칭은 옛날에 집에서 기르던 가축들의 이름에서 따온 것인데 '도'는 돼지, '개'는 개, '걸'은 양, '윷'은 소, '모'는 말을 의미한다. 재미있는 점은 각 동물의 중요도에 따라 말이 이동할 수 있는 거리가 정해졌다는 것이다.

① 윷은 앞뒷면의 모양이 똑같다.
② 과거에는 소가 가장 중요한 동물이었다고 할 수 있다.
③ 윷판에 사용하는 말은 집에서 기르던 가축들을 상징한다.
④ 윷을 던져 나온 앞면의 개수에 따라 말을 이동하는 칸 수가 결정된다.

2 다음 글의 중심 생각으로 알맞은 것은 무엇입니까? (   )

> 윷놀이에 사용하는 윷판은 선조들이 생각하던 우주의 모습을 보여 준다. 현재는 사각형으로 그려진 윷판을 사용하는 반면에 과거에는 둥글게 그려진 윷판을 사용하였는데 윷판의 한가운데 칸은 북극성을 상징하고 말이 지나가는 28개의 칸은 북극성을 중심으로 움직이는 별의 움직임을 상징한다. 이렇듯 지금은 민속놀이로만 알고 있는 윷놀이지만 그 유래를 살펴보면 그 당시 사람들의 생각을 엿볼 수 있다.

① 선조들은 과거에 우주가 둥글다고 생각했다.
② 윷놀이를 통해 당시 선조들의 생각을 알 수 있다.
③ 선조들의 전통을 지키려면 둥글게 그려진 윷판을 사용해야 한다.
④ 윷놀이를 과거의 과학 기술을 연구하는 자료로 사용할 필요가 있다.

12-3 한 단계 오르기

● 여러분이 좋아하는 옛날이야기의 줄거리를 요약해서 써 보세요.

제목: ＿＿＿＿＿＿＿＿＿＿＿＿＿＿＿＿＿＿＿＿＿＿＿＿

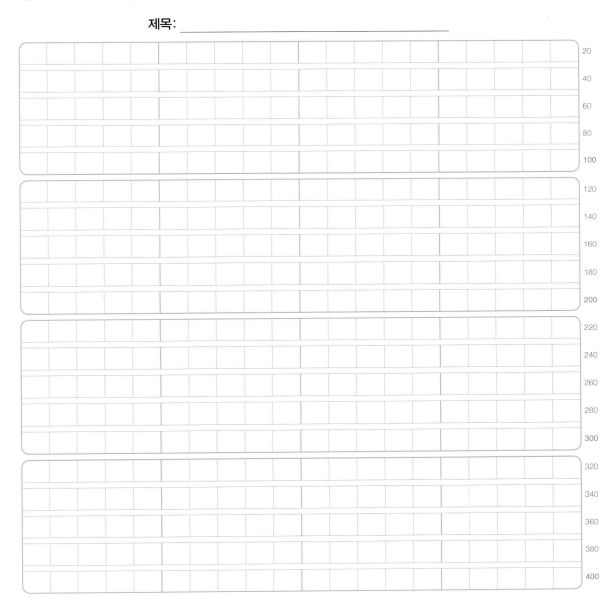

부록

CHAPTER 7

미래

7-1 로봇 기술이 발전하더라도 인간의 일자리는 남아 있을 거예요

A/V-더라도

1. (1) 집이 멀더라도
   (2) 방이 작더라도
   (3) 어렵더라도 점점 적응하실 거예요.
   (4) 외국인이더라도 뽑아 줄 거예요.
   (5) 늦더라도

V-(으)ㄹ래야 V-(으)ㄹ 수가 없다

2. (1) 화해할래야 화해할 수가 없었어요.
   (2) 구경할래야 구경할 수가 없었어.
   (3) 쉴래야 쉴 수가 없었어요.
   (4) 믿을래야 믿을 수가 없더라고요.
   (5) 찍을래야 찍을 수가 없었어요.

어휘와 표현

1. 자동화
2. 육체적
3. 제한적
4. 효율적
5. 대중화
6. 단순하게
7. 벗어날 수 있다
8. 판단해서
9. 생산하기
10. 등장한

듣기 1

1. 공장에서 제품을 생산하는 일을
2. AI 로봇까지 등장했습니다
3. 스스로 판단하고
4. 한계가 있지만

듣기 2

1. ④
2. (1) × (2) ○ (3) ○
3. ④

7-2 가상 세계에 대한 사람들의 기대가 정말 실현될까 싶어요

N마저

1. (1) 팬들마저
   (2) 악성 댓글마저
   (3) 얼굴마저
   (4) 라면마저 떨어져서 오후에 장을 보러 가려고요.
   (5) 아르바이트마저 구하기가 정말 힘들어요.

A/V-(으)ㄹ까 싶다

2. (1) 바로 올까 싶어요. / 걸리지 않을까 싶네요.
   (2) 도와줄까 싶어요. / 편하지 않을까 싶네요.
   (3) 깨끗해질까 싶어요. / 줄이는 게 좋지 않을까 싶네요.
   (4) 나을까 싶어요. / 집에서 푹 쉬는 게 좋지 않을까 싶네요.
   (5) 4급 수료 후에 취직할 수 있을까 싶어요. / 취직 준비를 하는 게 좋지 않을까 싶네요.

어휘와 표현

1. 시공간
2. 비대면
3. 아바타
4. 가상 세계
5. 상상력

6. 확산되고
7. 발휘할
8. 초월해
9. 무한한
10. 실현되는

읽기 1

1. (1) ㉮, ㉭
   (2) ㉯. ㉰

읽기 2

1. ②
2. ②

CHAPTER 8

한글

8-1 세종대왕이 없었더라면 한글은 만들어질 수 없었겠네요

A/V-았/었더라면

1. (1) 인터넷이 없었더라면 고향에 계신 부모님과 연락
      하기도 힘들겠지.
   (2) 세종대왕이 한글을 만들지 않았더라면 한자를 배
      우느라 힘들었을 거예요.
   (3) 당신과 결혼하지 않았더라면 지금도 혼자 살고 있
      을 거야.
   (4) 조금만 더 일찍 도착했더라면 영화를 볼 수 있었
      을 텐데.
   (5) 좀 더 일찍 하고 싶은 일을 찾았더라면 좋았을 거
      같아.

V-(으)ㄴ 끝에

2. (1) 논의한 끝에 휴학하기로 했어요.
   (2) 알아본 끝에 집에서 가깝고 시급도 높은 아르바이트
      자리를 찾았어요.
   (3) 설득한 끝에 주민들의 마음을 바꿀 수 있었습니다.
   (4) 준비한 끝에 겨우 다 끝냈어.
   (5) 시행착오를 겪은 끝에 개발에 성공할 수 있었습니다.

어휘와 표현

1. 개최해요
2. 후원하고 있다
3. 참고해서
4. 공개하고
5. 기록하는
6. 임금
7. 문자
8. 백성
9. 양반

듣기 1

1. 개최합니다
2. 주최하고
3. 후원하는
4. SNS나 홈페이지를 통해

듣기 2

1. ③
2. (1) ○ (2) × (3) × (4) ○
3. (1) 양반 같은 권력층
   (2) 힘없는 백성

8-2 한글은 단순하면서도 아름다워요

A/V-(으)면서도

1. (1) 지하철역에서 가까우면서도 월세가 싸요.
   (2) 싸면서도 먹고 나면 속이 든든하거든요.
   (3) 알면서도 모르는 척했어.
   (4) 홍대에 살면서도 주변 지리를 잘 몰라요.
   (5) 반칙을 했으면서도 안 했다고 하잖아.

A/V-아/어서 그런지

2. (1) 켜 두고 자서 그런지 감기에 걸린 것 같아.
   (2) 없어서 그런지 가게 문을 일찍 닫으시더라고요.
   (3) 맵지 않아서 그런지 대부분의 외국분들이 좋아하더라고요.
   (4) 끊어서 그런지 요즘 피부가 좋아졌다고 얘기하는 사람이 많네.
   (5) 한국 콘텐츠들이 인기가 많아져서 그런지 한국어를 배우는 외국인들이 많아진 것 같아요.

어휘와 표현

1. 음절
2. 획
3. 모음
4. 기관
5. 자음
6. 구분한다
7. 표기하는
8. 조합해서
9. 본떠서
10. 덧붙이면

읽기 1

1. ②

읽기 2

1. ④
2. ①

CHAPTER 9

생활과 경제

9-1 어려운 이웃에게 조금이나마 도움이 됐으면 해서 그 제품을 구매했어요

N(이)나마

1. (1) 맨 뒷자리나마 남아 있어서 콘서트를 볼 수 있어요.
   (2) 읽기 점수나마 잘 받아서 5급에 가게 되었어요.
   (3) 잠깐이나마 만나서 반가웠어요.
   (4) 작은 도움이나마 줄 수 있어서 뿌듯해요.
   (5) 중고 제품이나마 구매해서 잘 사용하고 있어요.

A/V-(으)ㄹ 뿐이다

2. (1) 학교에 다닐 뿐이에요.
   (2) 배가 (많이) 부를 뿐이에요.
   (3) 수업을 열심히 들을 뿐이에요.
   (4) 머리 스타일을 조금 바꿨을 뿐인데요.
   (5) 작은 마음일 뿐이에요.

어휘와 표현

1. 보탬
2. 선행
3. 가치
4. 소비
5. 매출
6. 훈훈하게
7. 쑥스럽다고
8. 실천하고

9. 베풀면서
10. 추구하는

듣기 1

1. 5000원어치만
2. 했을 뿐인데
3. 쑥스럽네요
4. 사장님이 베푼

듣기 2

1. ②
2. (1) × (2) × (3) ○ (4) ○
3. ④

9-2 백화점에서 깜짝 세일을 하길래 샀어요

V-ㄴ/는다는 게

1. (1) 결제가 되는 카드를 드린다는 게
   (2) 버스를 탄다는 게 반대 방향으로 가는 버스를 타 버렸어요.
   (3) 넣는다는 게 파란색 빨래도 같이 넣어 버렸어요.
   (4) 1개만 먹는다는 게 3개를 다 먹어 버렸어.
   (5) 1시간만 잔다는 게 아침까지 자 버렸어요.
   (6) 일찍 나온다는 게 밤 12시까지 마시게 됐어.

A/V-길래

2. (1) 사과를 1시간 동안 반값에 팔길래 많이 샀어.
   (2) 안 오길래 혼자 왔어요.
   (3) 마트 할인 혜택이 있다고 하길래 만들었어요.
   (4) 갑자기 열이 나길래 검사하러 병원에 갔다 왔어.
   (5) 피부에 좋다고 하길래 잘 챙겨 먹어요.

어휘와 표현

1. 불황
2. 판매량
3. 현상

4. 호황
5. 만족도
6. 얇아진
7. 졸라매고
8. 넉넉할
9. 저렴한
10. 예측했다

읽기 1

1. ㉮, ㉰

읽기 2

1. ③
2. ②

CHAPTER 10
대중문화

10-1 남자 주인공이 결국 세상을 떠나고 말았어요

N치고

1. (1) 처음 하는 것치고
   (2) 어린아이치고 장난감을 안 좋아하는
   (3) 중학생치고 휴대폰을 안 가지고 다니는 학생이 없어요.
   (4) 여름치고 날씨가 시원한 편이에요.
   (5) 농구 선수치고 키가 별로 안 큰 편이에요.

V-고 말다

2. (1) 소금을 넣고 말았어요.
   (2) 넘어지고 말았어요.
   (3) 키우던 고양이가 죽고 말았어요.

(4) 콘서트 표를 꼭 예매하고 말겠다면서 PC방에
　 갔어요.
(5) 그 식당 음식을 꼭 먹고 말겠다면서 아침 7시에
　 나갔어요.

어휘와 표현

1. 시청률
2. 소재
3. 장면
4. 주연
5. 악역
6. 방영되고
7. 괴롭힌
8. 복수하는
9. 느낀다
10. 밝혀질

듣기 1

1. 헤어져 줘요.
2. 얼마나 사랑하는 사이
3. 긴말
4. 헤어지지도

듣기 2

1. ③
2. ②
3. (1) ○　(2) ×　(3) ×
4. ②

10-2 예매 경쟁이 치열했다던데 어떻게 콘서트 표를 구했어요?

A-다던데　V-ㄴ/는다던데

1. (1) 커피 10잔을 마시면 1잔을 무료로 준다던데 정말
　　 이에요?
　 (2) 생강차가 목에 좋다던데 생강차를
　 (3) 사람들은 불닭 떡볶이가 맵다던데

(4) 싸우면서 친해진다던데
(5) 열을 안다던데

A/V-네　A/V-네 해도

2. (1) 맛이 예전만 못하네 어쩌네 해도 사람이 많아요.
　 (2) 안마 의자가 필요 없네 어쩌네 하셔도
　 (3) 식기세척기가 편하네 어쩌네 해도
　 (4) 경제가 안 좋네 어쩌네 해도 해외여행을 가는 사
　　 람은 늘고 있어요.
　 (5) 전동 킥보드가 위험하네 어쩌네 해도 타는 사람들
　　 이 많아요.

어휘와 표현

1. 의상
2. 무대
3. 조명
4. 관객
5. 환호성
6. 열정적인
7. 선보였다
8. 열광하기
9. 신비로운
10. 인상적이어서

읽기 1

1. ①

읽기 2

1. ②
2. ②

CHAPTER 11

동물

11-1 강아지를 맡길 데가 없어서 그러는데 며칠만 맡아 줄 수 있어요?

A/V-아/어서 그러는데

1. (1) 고양이 사료가 다 떨어져서 그러는데
   (2) 잊고 펜을 안 가져와서 그러는데 펜 하나만
   (3) 잘 안 열려서 그러는데 열어 줄 수 있어요?
   (4) 아르바이트를 하러 가야 돼서 그러는데 먼저 일어나도 될까요?
   (5) 배가 고파서 그러는데 먼저 먹어도 될까요?

V-느니 (차라리)

2. (1) 카레를 먹느니 차라리 굶을래.
   (2) 새벽에 출발하는 비행기를 타느니 차라리 여행 비용을 더 쓰는 게 낫겠다.
   (3) 앞에 나가서 발표를 하느니 차라리 제가 자료 준비를 할게요.
   (4) 안 맞는 공부를 계속하느니 차라리 전공을 바꾸는 게 어때요?
   (5) 여기서 오래 기다리느니 아예 다른 식당에 가는 게 어때요?

어휘와 표현

1. 반려동물
2. 사료
3. 목줄
4. 배변 봉투
5. 주인
6. 순해서
7. 영리한지
8. 할퀴어서
9. 물었다
10. 사나워질

듣기 1

1. 귀여워서 그러는데
2. 좀 사나워서
3. 물지도 몰라요
4. 순해 보이는데
5. 배변 봉투

듣기 2

1. ④
2. ②
3. (1) ×　(2) ×　(3) ○

11-2 사람들의 인식이 바뀌지 않는 한 유기 동물 문제는 해결되지 않을 거예요

V-는 한

1. (1) 내 곁에 있는 한 어떤 어려움도 이겨낼 수 있어.
   (2) 일찍 출발하는 한 기차를 놓칠 일은 없을 거예요.
   (3) 꾸준히 노력하는 한 좋은 결과를 낼 수 있을 거예요.
   (4) 조심하지 않는 한 돈을 아낄 수 없을 거예요.
   (5) 동물을 대하는 사람들의 태도가 바뀌지 않는 한

V-(으)ㄹ 겸 (하다)

2. (1) 극복할 겸 운동도 할 겸 해서 배우고 있어요.
   (2) 친구들도 만날 겸 같이 고향 음식도 먹을 겸 해서 나갔다 오려고요.
   (3) 단어도 외울 겸 글씨 쓰기 연습도 할 겸 해서 쓰고 있어요.
   (4) 한국어 듣기 연습도 할 겸 해서 매주 보고 있어요.
   (5) 할 겸 동물을 좋아하는 친구들도 사귈 겸 해서 나가고 있어요.

1. 제보
2. 교감
3. 실종
4. 복지
5. 사회성
6. 학대하는
7. 유기하는
8. 처벌해서
9. 외면하지
10. 입양해서

읽기 1

1. (1) 복지
   (2) 불편함
   (3) 질병
   (4) 학대

읽기 2

1. ①
2. ①

CHAPTER **12**

한국 문화

12-1 착하게 살면 복을 받기 마련이다

A/V-아/어서는

1. (1) 영상만 봐서는 요리 실력이 늘지 않을 거예요.
   (2) 부모가 하고 싶은 말만 해서는 자녀와 대화하기 어렵습니다.
   (3) 그 수업은 시험만 잘 봐서는 좋은 학점을 받기 어려워.

(4) 늦어서는 안 돼요.
(5) 부모님보다 먼저 수저를 들어서는 안 돼.

A/V-기 마련이다

2. (1) 잘하게 될 때까지 시간이 걸리기 마련이에요.
   (2) 여름은 덥기 마련이지.
   (3) 자신감이 없으면 말할 때 목소리가 작아지기 마련이에요.
   (4) 어디든지 살다 보면 적응되기 마련이죠.
   (5) 몸이 아플 때는 가족들이 생각나기 마련이지.

어휘와 표현

1. 주걱
2. 금은보화
3. 제비
4. 넝쿨
5. 초가집
6. 박
7. 독차지했다
8. 배가 아팠다
9. 원망하는
10. 빈손으로 돌아왔다
11. 내쫓고

듣기 1

1. 고전
2. 교훈
3. 명작
4. 흥겨운

듣기 2

1. ④
2. (1) ○ (2) × (3) × (4) ○
3. ②

12-2 윷놀이를 해 보기는커녕 이름도 들어 본 적이 없어요

N은/는커녕 A/V-기는커녕

1. (1) 오십만 원은커녕 오천 원도 없어.
   (2) 취직은커녕 졸업도 못 했어.
   (3) 바쁘기는커녕 심심해서 죽겠어요.
   (4) 도와주기는커녕 자기들 방 청소도 안 해요.
   (5) 장학금을 받기는커녕 진급도 힘들 것 같아요.

A-(으)ㄴ 반면에 V-는 반면에

2. (1) 밖에 나가는 걸 좋아하는 반면에 누나는 밖에 나가는 걸 별로 안 좋아해요.
   (2) 키우기 어려웠던 반면에 둘째는 순해서 좀 편했어요.
   (3) 버스는 노선이 복잡한 반면에
   (4) 예쁜 옷이 많은 반면에 가격이 좀 비싸요.
   (5) 한국 음식에는 매운 음식이 많은 반면에 우리 나라에는 매운 음식이 별로 없어요.

어휘와 표현

1. 말
2. 칸
3. 편
4. 판
5. 손에 땀을 쥐게 한다
6. 요령이 있는
7. 승부가 펼쳐진다
8. 생활 모습을 엿볼 수 있다
9. 역전을 거듭한

읽기 1

1. ④

읽기 2

1. ④
2. ②

MEMO

MEMO

MEMO

MEMO

Hi! KOREAN 4B
Workbook

지은이 김지수, 박선영, 안용준, 함윤희
펴낸이 정규도
펴낸곳 (주)다락원

초판 1쇄 인쇄 2023년 12월 4일
초판 1쇄 발행 2023년 12월 13일

책임편집 이숙희, 박인경
디자인 김나경, 안성민, 조영라
일러스트 윤병철
번역 Jamie Lypka
이미지출처 shutterstock, iclickart

다락원 경기도 파주시 문발로 211, 10881
내용 문의 : (02)736-2031 내선 420~426
구입 문의 : (02)736-2031 내선 250~252
Fax : (02)732-2037
출판등록 1977년 9월 16일 제406-2008-000007호

ISBN 978-89-277-3329-4 14710
       978-89-277-3313-3 (set)

http://www.darakwon.co.kr
다락원 홈페이지를 방문하시면 상세한 출판 정보와 함께
MP3 자료 등 다양한 어학 정보를 얻으실 수 있습니다.